Ségolène Royal et le socialisme

Le royaljaurèsisme entre socialisme et social-démocratie

Du même auteur :

- *L'Univers des instituteurs* (en collaboration avec Ida Berger), Ed. de Minuit, 1964.
- *L'Education du couple et des parents* (en collaboration avec Claudine Mordrel), Ed. du Centurion, 1966 ; (ouvrage traduit en espagnol).
- *L'Univers des marins*, Etude sociologique sur les pêcheurs et les marins de commerce français (en collaboration avec Hervé Drouard, Jean Volot et alii), Ed. de la Fondation pour la Recherche Sociale, 1970.
- *Notion de personne et personnalisme chrétien*, Ed. Mouton, 1971.
- *Délinquance juvénile et société anomique*, Ed. du Centre National de la Recherche Scientifique, 1971.
- *Le jeune enfant et ses besoins fondamentaux* (en collaboration avec Simone Benjamin), Ed. de la Caisse Nationale des Allocations Familiales, 1975 ; (ouvrage traduit en italien).
- *Grandir de sept à quatorze ans* (en collaboration avec Carmen Aguayo de Sota, Pierre Badin, Laurence Benjamin), Ed. de la Caisse Nationale des Allocations Familiales, 1977.
- *Nature et avenir de la religion*, Ed. L'Harmattan, 2001.
- *Humanisme et classes sociales*, Ed. L'Harmattan, 2003.
- *Guerre de religions ou conflit de civilisations*, Ed. L'Harmattan, 2005.
- *Ségolène Royal et le Socialisme*, Ed. L'Harmattan, 1re édition, 2007.
- *L'Action sociale pour un changement de société*, Ed. L'Harmattan, 2008.
- *Nature et avenir du christianisme*, Ed. L'Harmattan, 2010.

Roger Benjamin

Ségolène Royal et le socialisme

Le royaljaurèsisme entre socialisme et social-démocratie

2e édition actualisée

L'HARMATTAN

5-7, rue de l'École-Polytechnique ; 75005 Paris

http://www.librairieharmattan.com
diffusion.harmattan@wanadoo.fr
harmattan1@wanadoo.fr

ISBN : 978-2-296-55017-9
EAN : 9782296550179

Sommaire

1. En guise d'introduction

Ce travail est né d'un certain étonnement. Dans les jours qui ont suivi la désignation du candidat socialiste à l'élection présidentielle de 2007, je me suis senti en désaccord avec les très nombreux commentaires que j'entendais à la radio et à la télévision. J'ai donc souhaité donner un avis et présenter quelques remarques. Non, Ségolène Royal, le 16 novembre 2006, n'a pas écrasé les éléphants ; elle n'a opéré aucun hold-up et ne s'est pas emparé du P.S. Elle n'a pas conquis le parti de l'extérieur et la gauche n'a pas exprimé un désir de droite ; elle ne s'est pas imposée uniquement grâce aux sondages et la « démocratie d'opinion » ne l'a pas emporté sur la « démocratie militante » ; ce n'est pas l'image de la femme qui a séduit. Les raisons principales du choix des militants socialistes me semblaient être les suivantes : elle paraissait leur offrir une vision du monde originale ; elle comblait leur désir de voir proposer un nouveau modèle politique.

Il ne nous paraît pas nécessaire de reprendre les arguments présentés précédemment. En complément à la première édition de cet ouvrage paru en 2007, quelques semaines avant le premier tour, j'essaierai d'indiquer l'essentiel de la conception du socialisme, qui semble être celle de Ségolène Royal, à partir de l'analyse des discours qu'elle a prononcés pendant ces trois dernières années, des principaux entretiens qu'elle a accordés à des journalistes de la presse écrite, de la radio ou de la télévision, et enfin des ouvrages qu'elle a fait paraître[1] entre 2007 et la fin de l'année 2010.

---

1. *Maintenant, Ségolène Royal répond à Marie-France Colombani*, Ed. Hachette Littératures, Paris, 2007. – *Ma plus belle histoire, c'est vous*, Ed. Bernard Grasset, Paris, 2007. – *Si la gauche veut des idées* (Ségolène Royal et Alain Touraine), Ed. Bernard Grasset, Paris, 2008. – *Femme debout : entretiens avec Françoise Degois*, Ed. Denoël, Paris, 2009. – *Obama, Lula, Forum social, dix leçons convergentes*, Ed. de la Fondation Jean Jaurès, Paris, 2009. – Quant aux extraits d'entretiens et de discours de Ségolène Royal que nous reprenons, ils sont tirés du site Internet, *Désirs d'avenir*.

Il nous sera possible, ainsi, d'aller plus loin dans la présentation et l'analyse du « projet » de Ségolène Royal et de déterminer, mieux que nous n'avons pu le faire précédemment, ce qui la rapproche de Jean Jaurès, mais aussi ce qui l'en éloigne.

Le sous-titre proposé pour cette seconde édition, c'est : *Le royaljaurèsisme entre socialisme et social-démocratie*. Il existe un rapport très étroit entre la pensée de Jean Jaurès et celle de Ségolène Royal. Celle-ci me semble être la personnalité politique la plus authentiquement jaurèsienne. Ce qui caractérise principalement leur démarche, c'est le lien qu'ils établissent entre morale et socialisme. Ceux qui reprochent à Ségolène Royal d'émailler ces discours d'éléments d'ordre éthique ont le droit de le faire, mais pas les socialistes qui ont sans arrêt à la bouche le nom de Jean Jaurès. Ils ne l'ont sans doute jamais lu. « Et si nous condamnons l'ordre social actuel, c'est encore une fois parce qu'en même temps qu'il compromet le bien-être des hommes, qu'il opprime leur liberté, il empêche l'avènement de la vie religieuse de l'humanité. » Qui s'exprime ainsi ? C'est Jean Jaurès[2]. De même c'est lui qui affirme : « Il n'y a pas de pouvoir temporel qui dure s'il n'est pas en même temps un pouvoir spirituel... » Et il précise que « bien loin que l'humanité doive tendre comme vers un idéal à la séparation du spirituel et du temporel, c'est leur fusion au contraire qu'elle doit désirer[3]. » Comment des socialistes peuvent-ils reprocher à Ségolène Royal de faire appel à la « fraternité » et de ne pas se contenter de parler de « solidarité ». Il est vrai que pour beaucoup de personnes qui s'estiment de gauche, être moderne, c'est considérer que ce qui caractérise la vie humaine, c'est la compétition. Il faut accepter, pensent-elles, cette donnée et introduire dans la société un peu de solidarité, ce que ne font pas, à leur avis, les partisans du

---

2. Jean Jaurès, *La question religieuse et le socialisme*, Les Editions de Minuit, Paris, 1959, p. 55.

3. Jean Jaurès, *Histoire socialiste de la Révolution française*, Tome premier, *La Constituante* (1789-1791), Chapitre VII Constitution civile du clergé, p. 799, Editions sociales, Paris, 1969.

capitalisme libéral. Comment ne pas comprendre que la fraternité, c'est la solidarité, c'est la solidarité totale plus quelque chose... Et c'est à « ce quelque chose de plus » que Jean Jaurès n'a cessé d'inviter les socialistes à aspirer. C'est ce que fait Ségolène Royal, lors du Rassemblement de la Fraternité, au Zénith, le 27 septembre 2008.

« La fraternité, pour moi, c'est encore mieux que la solidarité, déclare-t-elle. Parce que c'est la fraternité qui la fonde et lui donne ce "sentiment d'humanité" sans lequel la politique serait un simple métier sans âme, une simple transaction entre intérêts bien compris. » Et elle précise : « La fraternité c'est d'abord penser à l'autre toujours. » L'on ne voit pas pourquoi certains socialistes croient préférable d'avoir recours au concept de « care », qui appauvrit plus qu'il n'enrichit et n'éclaire l'idéal socialiste. Le concept de fraternité comprend divers éléments et recouvre des concepts tels que la solidarité, l'entraide, mais aussi d'autres concepts tels que la bienveillance, la bonté, la cordialité. On peut proposer de nouvelles valeurs pour fonder la social-démocratie qui semble en grande difficulté sur le plan idéologique, partout en Europe, en ce début du XXIe siècle. Inviter les citoyens, en utilisant le concept de *Care*, à faire attention aux autres, à prendre soin des autres, puisque la collectivité, elle, prend soin d'eux, c'est penser qu'un altruisme rationnel entraînera une réorganisation convenable de la société. Mais n'est-ce pas se limiter à une éthique individuelle, destinée à s'articuler à une économie du bien-être. En s'articulant à une économie socialiste qui vise à supprimer toute exploitation de la force de travail des salariés et à faire disparaître tout sentiment d'aliénation, la fraternité doit conduire à la création d'un monde nouveau, en facilitant l'élaboration de fins permettant à toute personne de s'épanouir et à l'humanité de constituer une communauté harmonieuse. Comment pouvait-on ne pas éprouver de la joie d'entendre Ségolène Royal, dans le discours qu'elle a prononcé au stade Charléty entre les deux tours de l'élection présidentielle, inviter ceux qui l'écoutaient à s'aimer les uns les autres. Elle reprenait ce « commandement nouveau », donné à des disciples, l'appel le plus extraordinaire qui ait jamais été lancé. On peut parler de fraternité, d'amour, et affirmer avec force la nécessité d'une révolution socialiste, c'est-à-dire d'une révolution, comme l'a définie Jaurès, à la fois morale et économique.

On pourrait caractériser la vision du monde de Jean Jaurès de la manière suivante : « Il existe une humanité composée d'êtres égaux et solidaires, tous créateurs et appelés à constituer une humanité nouvelle. » Cette formule traduit une position philosophique et socio-politique qui cherche à faire coïncider dans le même sujet *le travailleur producteur-consommateur, le citoyen, l'acteur social et l'agent moral*. Elle exprime également la vision du monde du philosophe Emmanuel Mounier, qui ne peut être ramenée à un simple humanisme social, au détriment de son aspect critique. Mounier a, en permanence, cherché à saper les fondements mêmes de la société capitaliste et a toujours préconisé le refus de ce qu'il appelait « le désordre établi ».

Les circonstances dans lesquelles est né le mouvement personnaliste demeurent parfois dans l'oubli. Il n'a pas été une tentative de rajeunissement du vieux spiritualisme crispé sur la défense de la « personne humaine », valeur intemporelle, posée en dehors de la réalité humaine. Emmanuel Mounier a écrit lui-même : « Le mouvement personnaliste est né de la crise qui s'ouvrit en 1929 avec les krachs de Wall Street[4]... » Cela doit être retenu si l'on veut comprendre le sens de sa démarche. « Sa grande force, comme le dit Paul Ricœur, est d'avoir, en 1932, lié à l'origine sa manière de philosopher à la prise de conscience d'une crise de civilisation et d'avoir osé viser, par-delà toute philosophie d'école, une nouvelle civilisation dans sa totalité[5]. »

---

4. E. Mounier, *Qu'est-ce que le personnalisme ?, Œuvres*, T. 3, p. 183, Ed. du Seuil, Paris, 4 vol. 1961-1963.

5. P. Ricœur, « Une philosophie personnaliste », *Esprit*, n° spécial Emmanuel Mounier, décembre 1950, p. 861 ; texte repris dans *Histoire et vérité*, Ed. du Seuil, Paris, 1955, p. 105..

Pour expliquer cette crise qui avait débuté en 1929, deux thèses s'affrontaient. Crise économique, affirmaient les uns : il faut transformer radicalement les structures économiques de la société. Crise de l'homme, crise morale, répliquaient les autres : c'est donc l'homme qu'il faut changer. Rejetant cette alternative, Mounier répondra avec netteté : « La Révolution morale sera économique ou ne sera pas. La Révolution économique sera "morale" ou ne sera rien[6] ». Il admettait ainsi avec les marxistes l'urgence d'une modification fondamentale de l'économie, en maintenant cependant la nécessité d'une autre transformation, plus difficile peut-être à réaliser, dont le besoin, en tout cas, ne cesserait jamais de se faire sentir.

Dans un grand nombre de ses discours, Ségolène Royal, elle aussi, invite à prendre conscience de l'importance de la crise actuelle qui n'est pas uniquement d'ordre économique. A Athènes, le 12 mai 2009, lors de la Conférence sur « l'avenir des gauches en Europe », elle déclare que « la crise que nous traversons est aussi morale, comme toute crise de civilisation », et à Budva (Monténégro), le 29 juin, devant l'Internationale Socialiste, elle précise : « La civilisation humaine est malade aujourd'hui. Une civilisation qui est incapable de faire prévaloir, sur les intérêts des puissants, les intérêts de notre maison commune, la Terre, est bien une civilisation malade. Une civilisation qui est incapable de faire prévaloir, sur les intérêts des transnationales bancaires et financières, les intérêts fondamentaux du genre humain et de chaque personne humaine, est bien une civilisation malade. Une civilisation qui laisse mourir, au milieu d'un océan de richesses, des centaines de milliers de femmes et d'hommes, est bien une civilisation malade. »

Se situant dans la lignée de Jean Jaurès, en ce qui concerne la nécessité d'une révolution morale, Ségolène Royal accepte-t-elle l'idée jaurèsienne, qui était également celle de Mounier,

---

6. E. Mounier, *Qu'est-ce que le personnalisme ?, op. cit., p. 183.*

d'une indispensable *révolution* économique ? De 2007 à 2010 sa pensée a-t-elle été marquée par la grave crise qui frappe le monde capitaliste depuis 2008 ? Nous essaierons, par la suite, de répondre à ces questions.

Il n'est pas nécessaire de relater ici ce qui s'est passé en 2007 et d'exposer les nombreuses critiques qui ont été faites à Ségolène Royal, souvent par des membres de son parti, déçus du résultat des élections. Elle y répond, elle-même, de manière, à mon avis, convaincante dans son ouvrage, *Ma plus belle histoire, c'est vous*. De même, il ne nous paraît pas nécessaire, dans le cadre de ce travail, de faire état des querelles qui ont animé la vie du Parti, avant et après le Congrès de Reims de 2008. Ce qui nous semble essentiel est abordé dans le chapitre suivant.

2. Un problème d'identité : le Parti Socialiste d'hier à aujourd'hui

On parle souvent de « peuple de gauche ». Ce qui m'intéresse ici, c'est avant tout de déterminer ce qui constitue la base sociale du Parti Socialiste. On est frappé par la grande distance prise depuis quelques années, en France, par rapport à l'utilisation des concepts de classe et de lutte de classes. Un grand nombre d'essayistes et même de spécialistes des sciences humaines se refusent à les utiliser, après en avoir usé et abusé, en ce qui concerne certains d'entre eux. Sans doute la peur de passer pour un marxiste attardé ! Personnaliste, pour ainsi dire, depuis toujours, je n'ai jamais été marxiste ; je n'ai donc pas la même crainte. Je ferai d'ailleurs remarquer que Marx, lui-même, a reconnu que ce n'était pas lui qui avait découvert l'existence des classes et la réalité de leurs luttes, et que le mérite en revenait à ceux qu'il qualifiait d'« historiens bourgeois ».

Signalons que, pour nous, *la classe sociale* se définit comme le groupement social, qui, ayant pris conscience de lui-même, s'organise en vue de la transformation des rapports de production. Les critères qui permettent de distinguer les classes entre elles sont au nombre de trois : *le niveau* ou plus précisément le *style de vie* semble être celui qui est le plus souvent retenu, dans la mesure où il renvoie à une réalité tout à fait apparente et permet les observations les plus nettes ; le plus fondamental est *le rôle joué dans la production* (rôle de direction ou d'exécution) ; mais l'on néglige parfois de prendre en considération ce critère que constitue *la conscience de classe* ; c'est pourtant la prise de conscience de la classe par elle-même qui va permettre à celle-ci de s'organiser en vue de la prise du pouvoir et de la modification des rapports de production.

L'opposition fondamentale au sein de la société demeure, à mon avis, celle qui existe entre les non-propriétaires et les propriétaires des moyens de production (ou ceux qui peuvent s'en assurer le contrôle). Cela ne signifie pas que face à la bourgeoisie se dresse une masse indifférenciée de salariés. Ceux-ci forment, en fait, deux classes sociales distinctes (classe ouvrière et classe des travailleurs intellectuels salariés) qui peuvent avoir, dans une certaine mesure et à un certain moment, partie liée. Précisons que nous prenons le mot « intellectuel » dans son sens le plus large et parlons de travailleurs intellectuels pour les différencier des travailleurs manuels. La lutte des classes ne met pas simplement et essentiellement en présence *actuellement* la bourgeoisie, classe dominante, et la classe ouvrière. L'élément décisif au sein de la lutte des classes, c'est ce que j'appelle, faute d'une meilleure expression, la classe des travailleurs intellectuels salariés, aujourd'hui classe plus ou moins « révolutionnaire » et classe « moyenne », comme la bourgeoisie l'a été, elle aussi, pendant longtemps, prise entre l'aristocratie et les classes populaires, paysannes principalement. Née il y a plusieurs décennies, elle s'est renforcée depuis la fin de la dernière guerre mondiale et a commencé à prendre conscience d'elle-même à la fin des années soixante. Mai 68 constitue le moment privilégié dans ce processus de prise de conscience, processus évidemment fort long[1].

Bien évidemment on ne peut pas parler d'une manière indifférenciée de la classe des travailleurs intellectuels salariés ; il convient de bien faire la distinction entre les deux fractions principales qui la constituent :

– les travailleurs intellectuels salariés engagés principalement dans le secteur de la production marchande : intellectuels « techniciens » (ingénieurs, techniciens et cadres supérieurs ou moyens des secteurs financier, industriel et commercial) ; intellectuels de la communication (journalistes, attachés de presse, conseillers en communication, créateurs publicitaires...) ; hauts cadres du secteur politico-administratif[2] ;

---

1. Cf. R. Benjamin, *Humanisme et classes sociales*, Ed. L'Harmattan, Paris, 2003, chap. III Mai 68, naissance d'une classe sociale...

2. Nous plaçons ces hauts cadres dans ce premier groupe, même s'ils ne sont pas directement engagés dans le secteur de la production marchande ; ils sont plus proches idéologiquement des membres de cette couche sociale.

– les travailleurs intellectuels salariés engagés principalement dans le secteur de la production non marchande : chercheurs et enseignants du primaire, du secondaire et du supérieur ; cadres supérieurs et moyens des secteurs socio-culturel, social et sanitaire ; cadres supérieurs et moyens des entreprises et administrations publiques ; cadres supérieurs et moyens du tiers-secteur marchand et non-marchand (coopératives, mutuelles, associations).

Il existe actuellement, en France, trois classes sociales, et à l'intérieur de chacune d'elles deux distinctions peuvent être opérées :

1. Bourgeoisie
   1. 1) Grande et Moyenne
   1. 2) Petite
2. Classe des travailleurs intellectuels salariés
   2. 1) Engagés plutôt dans le secteur de la production marchande
   2. 2) Engagés plutôt dans le secteur de la production non marchande
3. Classe ouvrière
   3. 1) Employés et ouvriers qualifiés, travaillant principalement dans des grandes entreprises ou appartenant plutôt au secteur public
   3. 2) Employés et ouvriers non qualifiés, travaillant principalement dans des petites entreprises ou appartenant plutôt au secteur privé.

Comme on le voit, nous n'utilisons pas l'expression « classe moyenne ». Celle-ci appartient au langage courant ; elle ne recouvre pourtant aucune réalité identifiable. Quand on parle de classe moyenne fait-on référence aux artisans et aux petits commerçants, c'est-à-dire à la petite bourgeoisie, aux cadres supérieurs et aux cadres moyens des entreprises, aux médecins et aux infirmières des hôpitaux, aux professeurs des universités et aux instituteurs ? Si l'on pense à l'Angleterre, par exemple, cherche-t-on à désigner la bourgeoisie, prise entre l'aristocratie et la classe paysanne ou la classe ouvrière ? Une classe sociale, pour être identifiable, doit pouvoir être caractérisée par son niveau ou son style de vie, par le rôle qu'elle joue dans la production et par l'état de sa conscience de classe. La notion de classe moyenne ne correspond à rien de précis. L'expression induit en erreur, car elle tend à faire croire à l'existence d'un continuum. Il faut, cependant, reconnaître qu'elle est fort commode.

Sur le plan politique les classes et fractions de classe adoptent des comportements homogènes qui les différencient les unes des autres. Si l'on veut classer sur l'échelle du progressisme les différentes couches sociales que nous venons d'indiquer, on pourrait les situer de la manière suivante, en partant de la plus progressiste :

2.2) les travailleurs intellectuels salariés engagés dans le secteur de la production non marchande ; 3.1) les employés et ouvriers qualifiés du secteur des grandes entreprises ou travaillant plutôt dans le secteur public ; 2.1) les travailleurs intellectuels salariés engagés dans le secteur de la production marchande ; 3.2) les employés et ouvriers non qualifiés du secteur des petites entreprises ou travaillant plutôt dans le secteur privé ; 1.1) la grande bourgeoisie et la moyenne ; 2.2) la petite bourgeoisie[3]. Les travailleurs intellectuels salariés engagés plutôt dans le secteur de la production non marchande forment la couche sociale la plus progressiste en France. En effet, quel que soit le sujet retenu, on constate que c'est elle qui a la position considérée comme étant le plus à gauche : altermondialisation, rôle de l'État, modification de la répartition des revenus opérée par le marché, problème des inégalités économiques et sociales, situation des « sans papiers »,

3. L'on a, avec cette couche sociale, l'exemple d'une évolution remarquable : nettement à gauche sinon à l'extrême gauche en 1789, 1830, 1848, 1871, à gauche ou au centre gauche sous la Troisième République, et, après la dernière guerre mondiale, au centre droit, puis à droite, et, enfin, maintenant dans une grande mesure à l'extrême droite. C'est la situation économique de cette couche sociale qui explique cette évolution.

suppression de la dette des pays pauvres, forte présence dans le mouvement associatif, politique de prévention plutôt que de répression de la délinquance et de la criminalité, Pacte civil de solidarité (PACS), mariage des homosexuels, partage des tâches ménagères entre les hommes et les femmes.

L'évolution du niveau culturel des membres d'une société donnée provoque à partir de certains seuils (pourcentage des membres d'une classe d'âge titulaires de tel ou tel diplôme, par exemple certificat d'études, brevet, baccalauréat, licence, master, doctorat) des changements fondamentaux de tous ordres. C'est pour cette raison qu'on peut penser que s'exprimera de plus en plus une contestation de la division sociale du travail venant de la part des intellectuels salariés, que retentira avec de plus en plus de vigueur l'appel à l'établissement d'un système socio-économique fondé sur l'autonomie des travailleurs. Dans la mesure où ils sont peu nombreux, ceux qui obtiennent des diplômes universitaires importants peuvent arriver à occuper une place jugée honorable par eux dans la hiérarchie sociale du travail. A partir d'un certain seuil cela ne sera plus possible : les tâches d'exécution sont plus nombreuses que les tâches de direction. *Plus le niveau intellectuel augmente, plus grande est la contestation de la division sociale du travail.* Aussi si l'on veut découvrir le talon d'Achille du capitalisme, convient-il de chercher non du côté d'une éventuelle baisse du taux de profit, mais dans la volonté d'autonomie qui s'exprime d'autant plus vivement que le niveau intellectuel augmente à la fois qualitativement et quantitativement. Le travail intellectuel devenant la force de production en expansion, le système capitaliste a besoin de travailleurs intellectuels de plus en plus hautement qualifiés et de plus en plus nombreux[4]. Ce sera donc l'insatisfaction pour beaucoup, le refus de plus en plus

4. On peut évidemment se poser la question de savoir si le capitalisme est en mesure de « fabriquer » des spécialistes hautement qualifiés, mais semi-analphabètes. Si oui, le système pourrait peut-être se perpétuer. Personnellement, nous ne croyons pas cela possible : des travailleurs intellectuels hautement qualifiés, cela signifiera nécessairement élévation du niveau de culture générale.

net d'une dépendance et la nécessité pour la société de lutter contre la différenciation manuel-intellectuel : si tout le monde ou presque est intellectuel, les tâches manuelles devront être faites par des machines ou être partagées. Précisons qu'à notre avis *élévation du niveau culturel, cela veut dire développement du jugement critique, donc prise de distance de la conscience, renforcement du sujet, d'où affirmation de l'autonomie individuelle, revendication de la liberté et désir d'une maîtrise de son œuvre*. Le système économique, politique et social volera en éclats ; un autre système devra se mettre en place, fondé, lui, sur un autre mode d'organisation du travail et sur la nécessité d'une interdépendance créatrice.

Il existe une nouvelle classe sociale que nous appelons, encore une fois, faute de mieux classe des travailleurs intellectuels salariés et dont l'objectif essentiel est à long terme la prise du pouvoir et la modification des rapports de production. Pour y parvenir elle s'est donné un instrument, le P.S. On voit donc quel est notre point de vue concernant le problème de la nature de classe du Parti Socialiste. Le P.S. est le parti de la classe des travailleurs intellectuels salariés, qui cherche à s'emparer du pouvoir (au niveau culturel, économique tout autant que politique) en s'opposant à la bourgeoisie et en s'alliant à la classe des travailleurs manuels salariés, c'est-à-dire à la classe ouvrière. Plus justement précisons qu'il est l'expression de la couche sociale des travailleurs intellectuels salariés, engagés plutôt dans le secteur de la production non marchande.

En fait, comment la situation s'est-elle présentée dans les années soixante-dix ? Les membres de la direction proclament que le P.S. est le parti de la classe ouvrière. Cette affirmation ne paraissant pas, cependant, totalement acceptable (les dirigeants du Parti ne sont pas des ouvriers, la majorité des militants ne sont pas des ouvriers), on est alors conduit à forger un concept susceptible de rendre mieux compte de la réalité. C'est le concept de « front de classe ». Concept confus qui semble désigner l'ensemble des salariés exploités, ouvriers et salariés non-ouvriers mais exploités, à l'exclusion des salariés non exploités, c'est-à-dire des faux salariés[5], et à côté de ces salariés exploités, ces alliés que sont les paysans et les travailleurs indépendants totalement soumis au capitalisme. Comment concevoir un tel rassemblement et utiliser le mot classe au singulier ? Parler de « front de classes », cela se comprendrait, mais cela aurait une tout autre signification. En fait, l'usage du pluriel par les responsables socialistes demeurera très rare, et cet usage, même exceptionnel, est le signe d'une grande ambiguïté. Ces salariés non-ouvriers, à quelle classe sociale appartiennent-ils donc ? A la classe ouvrière ? A la fraction « avancée » de la classe bourgeoise ? A la petite bourgeoisie, comme le prétendent certains, côtoyant ainsi les petits commerçants et artisans, alors que tout semble les séparer : intérêts économiques, comportements politiques, orientations idéologiques ? En fait, ces salariés non ouvriers, ces travailleurs non manuels mais intellectuels constituent une classe autonome. Le concept de « front de classe » était, à notre avis, un concept idéologique qui exprimait la difficulté qu'avaient les militants socialistes à prendre conscience de leur identité véritable. C'était le fruit d'une rationalisation. Il servait à masquer le réel plutôt qu'à le dévoiler et à l'analyser.

Le P.S. n'a jamais été un parti ouvrier. Le cas de la S.F.I.O. est un peu différent, même si sa vie n'a pas été vraiment marquée par une présence très forte des syndicats. Mais pendant longtemps, parmi les adhérents de ce parti, les ouvriers représentaient le groupe professionnel le plus important : ouvriers du secteur public, ouvriers d'industries secondaires ou de petites entreprises, il est vrai, plutôt qu'ouvriers de grandes entreprises industrielles. Vers la fin des années cinquante et au cours des années soixante, la S.F.I.O. cesse peu à peu d'être un parti à dominante ouvrière et devient un parti d'employés et de fonctionnaires plus ou

5. Il existe, en effet, des faux salariés, par exemple les managers des grandes entreprises privées, certains hauts cadres supérieurs ; ils perçoivent des salaires sans commune mesure avec ceux des autres salariés ou possèdent un avoir patrimonial important, leur salaire n'occupant qu'une place secondaire dans leurs revenus.

moins encadrés par le syndicat F.O. Les termes « réformiste » et « social-démocrate » peuvent lui être appliqués, si l'on considère les comportements de ses militants et surtout de ses dirigeants de 1945 à 1971. Après la guerre, il existe en son sein deux courants principaux, l'un symbolisé par Léon Blum et après lui par Daniel Meyer, l'autre symbolisé par Guy Mollet, plus « ouvriériste », courant qui a dominé le parti jusqu'à sa disparition et qui s'est caractérisé par un certain marxisme, d'inspiration guesdiste, plus apparent dans les discours que dans les pratiques.

En 1971, le P.S., parti de la classe des travailleurs intellectuels salariés, n'est pas un parti réformiste. Il n'est pas le continuateur de la S.F.I.O. Il s'agit de deux partis de nature différente. Ce ne sont pas les mêmes couches sociales qui, hier, étaient hégémoniques à l'intérieur de la S.F.I.O. et qui, après Épinay, le sont au sein du P.S. Les dirigeants et militants de ce parti qui, à propos de la S.F.I.O., parlent de la « vieille maison », comme s'ils en étaient les héritiers, sont alors victimes de certaines apparences. Jean Jaurès et Léon Blum s'y sentiraient sûrement à l'aise. Serait-ce le cas pour Jules Guesde et Guy Mollet ? De la S.F.I.O. au P.S. il y a solution de continuité.

Il existe une réalité psychologique propre à un certain nombre d'individus qui ont des caractéristiques communes, et il peut arriver qu'un groupe, en l'espèce un parti, parvienne à une connaissance de cette réalité, une connaissance de ses états. Mais *la conscience* d'une réalité, à laquelle parvient un individu ou un groupe, *n'est pas toujours claire et distincte*. Tout au long des années soixante-dix, *le Parti Socialiste* se présente comme *un parti révolutionnaire, caractérisé par une conscience fausse*. Victime d'une illusion, il croit être le parti de la classe ouvrière, ou le parti du « front de classe ». Or, il est révolutionnaire justement parce qu'il n'est pas le parti de la classe ouvrière, mais celui d'une nouvelle classe sociale en marche vers le pouvoir[6].

---

6. Il faut cesser quand on pense « révolutionnaire » de voir « rouge et flammes », pour reprendre une expression parfois utilisée, ou d'imaginer violence et insurrection.

L'hypothèse que nous formulons, c'est que des années soixante-dix aux années quatre-vingt le P.S. passe d'une fausse conscience, orientée cependant vers le vrai, à une conscience faussée. *Fausse conscience orientée vers le vrai*, parce que conforme à l'aspiration profonde de la classe des travailleurs intellectuels salariés, qui incarne la force de production en expansion et aspire à une modification des rapports de production. *Conscience faussée*, parce qu'orientée simplement vers la correction et la moralisation des rapports de production, par conséquent non conforme à l'aspiration profonde de la classe sociale, que le P.S. incarne.

L'expression de « conscience faussée » ne s'appliquait pas, après la réorientation de la politique opérée en 1983, à l'ensemble du P.S. Elle ne pouvait pas être utilisée pour caractériser les courants de gauche, qui cherchaient à exprimer certaines aspirations des travailleurs intellectuels salariés engagés plutôt dans le secteur de la production non marchande (économie mixte avec primauté du public, aspiration à une démocratie participative et à une autonomie créatrice des travailleurs permettant un certain contrôle à tous les niveaux de la production des biens et des services). Elle ne pouvait pas non plus servir, il faut le préciser, pour caractériser le courant de droite, dans la mesure où celui-ci exprimait en grande partie les aspirations des travailleurs intellectuels salariés engagés plutôt dans le secteur de la production marchande (économie mixte avec primauté du privé, moralisation du système capitaliste...). La question qui se posait, quand même, pour le Parti dans son ensemble, après 1983, était de savoir comment parvenir à une *conscience adéquate*. Oubliant la révolution prônée à Metz en 1979 et se refusant à théoriser la nouvelle politique de gestion social-démocrate du capitalisme en organisant le « Congrès français de Bad Godesberg », le P.S. ne pouvait maintenir une identité claire. Malgré la Déclaration de principe de 2008, rien ne nous semble avoir vraiment changé. C'est parce qu'il existe au sein du Parti Socialiste un courant social-libéral et un courant plutôt anti-libéral que l'identité du P.S. n'apparaît pas clairement. Le vote du 16 novembre 2006 révélait, cependant, nous l'avons indiqué, une orientation vers une certaine vision originale du monde et une aspiration à la constitution d'un nouveau modèle politique, d'un modèle français de socialisme.

Nous nous interrogerons par la suite sur la nature de ce nouveau modèle, correspondant à l'idéal jaurèsien. Contentons-nous dans l'immédiat, dans le cadre de ce chapitre consacré au problème de l'identité du Parti Socialiste de présenter ces quelques remarques générales, relatives à la question primordiale à laquelle se trouve confronté tout socialiste et que les responsables du P.S. ne semblent jamais se poser, celle de la division sociale du travail.

Précisons bien que, quand on parle de division du travail, il faut faire une distinction entre d'une part la *division technique du travail*, qui évoque le phénomène de la décomposition du travail, de la parcellisation des tâches et de la multiplication des opérations nécessaires à la fabrication des biens, d'autre part la *division sociale du travail*, qui résulte du processus historique de différenciation des activités sociales et renvoie aux rapports sociaux, à la formation des professions, à la création des professions nouvelles et à l'existence de niveaux inférieurs d'exécution subordonnés aux échelons supérieurs de décision.

Mais qu'est-ce donc que le travail ? On peut apprécier l'humour du célèbre philosophe anglais, Bertrand Russel, qui s'est posé cette question et y a répondu ainsi : « Il existe deux types de travail : le premier consiste à déplacer une certaine quantité de matière se trouvant à la surface de la terre, ou dans le sol même ; le second, à dire à quelqu'un d'autre de le faire. Le premier type de travail est désagréable et mal payé ; le second est agréable et très bien payé. Le second type de travail peut s'étendre de façon illimitée : il y a non seulement ceux qui donnent des ordres, mais aussi ceux qui donnent des conseils sur le genre d'ordres à donner[7]... » Actuellement, en France, beaucoup de critiques sont

---

7. Bertrand Russel, *In Praise of Idleness* (1932), texte traduit en français : *Eloge de l'oisiveté*, Ed. Allia, Paris, 2002, p. 11-12.

faites à la loi des 35 heures, critiques différentes, selon qu'elles viennent de la droite ou de l'extrême gauche. Des hommes politiques, les dirigeants de l'organisation patronale, le MEDEF, reprochent aux Français de ne pas travailler assez et tiennent des discours sur la dignité du travail, celle-ci leur semblant être de plus en plus méconnue. Evidemment ils appartiennent à la catégorie de ceux qui accomplissent le second type de travail, dont parle Bertrand Russel : pour eux, le travail est une vertu et tous les hommes doivent se satisfaire de leur sort.

Le travail se définit comme étant une activité socialement utile. Mais il ne s'agit pas nécessairement d'une activité rémunérée. Le travail peut s'accomplir également d'une manière bénévole ou même solitaire, comme peut l'être le travail de l'artiste, dans la mesure où l'œuvre créatrice est produite pour soi, mais aussi pour autrui. Le travail, c'est ce qui permet à l'individu de devenir un être créateur. Cette activité vise *la reconnaissance sociale*. Cette reconnaissance sociale peut prendre la forme d'une rémunération (cas du travail salarié), d'un remerciement (cas du travail bénévole), ou se ramener à l'expression d'un plaisir d'ordre culturel et esthétique (cas du travail de l'écrivain et de l'artiste). Mais le travail rémunéré garde et gardera toujours une importance fondamentale, même si l'on ne travaillait que fort peu. Pourquoi ? Parce que c'est le travail rémunéré qui détermine le statut social et permet aux êtres humains de définir leur identité sinon leur dignité. Et c'est principalement ce travail, accompli avec d'autres, qui doit permettre à l'être humain de s'épanouir en tant que sujet créateur.

Il a fallu longtemps au capitalisme pour s'imposer. Combien de temps faudra-t-il au socialisme pour triompher ? On connaît la formule célèbre utilisée par Lénine pour définir le socialisme : « les soviets plus l'électrification ». En URSS il y a eu l'électrification, mais la dictature d'un parti à la place des soviets. Volontiers nous utiliserons la formule suivante pour définir le socialisme : *plus de 50 % des membres d'une classe d'âge titulaires du Bac + 5*. Plus le niveau intellectuel augmente, répétons-le, plus grande est la contestation de la division du travail.

S'opposer à la division sociale du travail, c'est réclamer le plus d'autonomie possible et vouloir s'affirmer par la réalisation d'une œuvre, fruit d'un travail créateur. Tout être humain doit, en effet, accomplir une œuvre. Cela ne signifie pas forcément quelque chose qui se voit. L'écrivain accomplit une œuvre culturelle, le chercheur une œuvre scientifique, les techniciens, petits, moyens ou supérieurs peuvent collaborer pour accomplir une œuvre technologique ; l'enseignant qui forme le jugement de ses élèves ou de ses étudiants accomplit une œuvre ; le médecin qui, soignant la maladie, entretient les corps, rendant aux êtres leurs capacités physiques de créer, accomplit une œuvre ; le travailleur social qui se bat contre l'exclusion et aide à la réinsertion, accomplit une œuvre ; le militant d'une association d'ordre social, civique, humanitaire ou culturel accomplit une œuvre. Il est inutile de multiplier les exemples.

Tout être humain doit pouvoir accomplir une œuvre. Qu'est-ce qui peut permettre une telle évolution ? C'est l'élévation progressive du niveau culturel des êtres humains. Mais il faut bien comprendre pourquoi on peut parler de progrès. Il y a progrès de la raison. Rien, en effet, n'exprime mieux la destinée de l'être humain que la lente émergence de la pensée réfléchie. Le devenir de l'homme a été commandé pendant de très nombreux millénaires par la biologie ; avec la naissance de *l'homo sapiens*, il l'est par le produit de son cerveau, la culture. Pendant longtemps la culture a été principalement une affaire collective, ensemble des œuvres de l'esprit, caractéristiques d'un groupe. Il n'existe pas de critères permettant de hiérarchiser les cultures et l'on peut affirmer que l'humanité progresse tout en maintenant que toutes les cultures se valent. Mais une différenciation peut être établie entre les niveaux culturels individuels. Il faut prendre garde évidemment à ce que le mot culture n'a pas véritablement le même sens dans les deux cas : si l'on se place sur le plan individuel, il faut préciser que le niveau culturel est d'autant plus élevé que l'individu est capable de porter un jugement critique sur son savoir et le savoir des autres et sur la culture de la communauté historique à laquelle il appartient.

Cela est possible grâce à l'Ecole, dont la *fonction principale* est non pas d'apporter des connaissances ou d'aider à la constitution de la personnalité ou de façonner des citoyens ou de permettre l'acquisition d'un métier, mais de *former le jugement*. Cet élargissement de la conscience critique s'accompagne nécessairement du renforcement du sentiment d'autonomie individuelle et de l'aspiration à l'accomplissement d'une œuvre.

Mais accomplir une œuvre, jusqu'à présent aucun système économique ou social ne l'a permis. Le *Capitalisme* se caractérise par une grande *valorisation du Savoir,* mais par une grande *dévalorisation du Sujet porteur de ce savoir*. Il en de même du *Communisme* qui n'a jamais été autre chose qu'un capitalisme étatico-collectiviste contrôlé par une nomenklatura. Le *Socialisme*, lui, dans sa version social-démocrate, *valorise également fortement le Savoir*, mais il tient compte du *Sujet* porteur de ce savoir moins en tant que créateur de biens et de services qu'en tant que *consommateur*. Ce qui le préoccupe principalement, en dehors du souci d'établir ou de maintenir un certain Code du travail, c'est-à-dire un minimum de règles, c'est la répartition des biens et des services, la répartition des fruits de la croissance et c'est la question sociale. Pour la Social-démocratie, comme pour le Capitalisme, libéral ou social ou étatique, l'être humain n'est pas considéré comme un véritable sujet créateur. Il faut donc bien concevoir un nouveau modèle de socialisme. Jean Jaurès, en son temps, a commencé à l'esquisser. Peut-il véritablement prendre forme aujourd'hui ?

3. Une vision du monde originale : le personnalisme humanitariste jaurèsien

Comme l'aigle de la chanteuse Barbara, l'aigle royal, un beau jour, a surgi, venant de nulle part... Il faudrait réaliser une véritable étude sociologique à partir d'un large échantillon représentatif pour arriver à déterminer les vraies raisons de son succès. Les commentaires qui ont été faits sur sa démarche tout au long de l'année 2006 ont paru souvent n'être que l'expression d'opinions plus ou moins malveillantes, le fruit de préjugés ou le résultat de procès d'intention.

On lui a reproché souvent de ne pas aborder les questions économiques et sociales, de négliger les problèmes internationaux, préférant se cantonner dans l'ordre des principes généraux. Les élites politico-médiatiques lui demandaient du concret, d'abord du concret. Le peuple de gauche, qui la plébiscitait, aspirait sans doute à autre chose. Ce sont ceux auxquels il manque souvent le nécessaire, qui demandent d'abord de les aider à trouver un sens à leur vie, qui réclament un idéal : leur combat est à la fois matériel et moral ; Ségolène Royal a évoqué fréquemment dans ses interventions le désir de renouvellement qu'elle percevait dans la société française, désir portant sur les raisons et sur les façons de faire, désir conduisant à actualiser la compréhension que nous devons avoir du monde. Le thème des valeurs a été un leitmotiv de sa campagne au sein du P.S. ; elle a préféré parler de finalités humaines plutôt que d'éventuelles décisions économiques et sociales ; elle a tenu en permanence un discours moral, se situant ainsi dans la lignée de Jean Jaurès.

Rappelons tout de suite la définition que donne Jaurès du socialisme. « Le socialisme, écrit-il, peut être défini : une Révolution morale qui doit être servie et exprimée par une révolution matérielle[1]. » Et Jaurès ajoute qu'il sera également une

---

1. Jean Jaurès, *La Question religieuse et le socialisme*, Les Editions de Minuit, Paris, 1959,p. 31.

révolution religieuse. Disciple de Jean Jaurès, Ségolène Royal ne parle jamais de religion. Pourtant on ironise sur certains aspects perçus comme religieux de sa démarche. A son propos certains, parmi les membres de son parti, évoquent le nom de Bernadette Soubirous. Que diraient-ils s'ils avaient lu Jaurès dont ils citent souvent le nom ? Parleraient-ils de saint Jean ? Pas de Jean le baptiste, pas de Jean l'évangéliste, mais de saint Jean de Carmaux.

Qu'écrit, en effet, Jaurès après avoir défini le socialisme : « Je m'excuse d'oser ainsi toucher en quelques pages un problème religieux, le plus grand problème de notre temps et de tous les temps. Il le faut, car je ne conçois pas une société sans une religion, c'est-à-dire sans des croyances communes qui relient toutes les âmes en les rattachant à l'infini, d'où elles procèdent et où elles vont. Il le faut encore, car le parti socialiste militant a pris à l'égard des questions religieuses une attitude déterminée qui doit être examinée et discutée. On peut dire qu'aujourd'hui, il n'y a pas de religion, c'est-à-dire en un sens profond, pas de société. » (p. 31)

« Et quand les socialistes, qui sont réduits aujourd'hui par les nécessités du combat à affirmer le matérialisme comme la vérité absolue et totale, pourront, après le triomphe, le scruter plus profondément, ils s'apercevront qu'ils peuvent et qu'ils doivent non l'abandonner, mais le compléter, qu'on ne leur demande point de se perdre dans le surnaturel, mais que c'est la nature elle-même qui, s'ouvrant jusqu'aux abîmes sous le regard de l'esprit, laisse apparaître Dieu. » (p. 52)

« Si on nous dit que c'est là un idéal mystique, nous répondrons qu'en dehors de ce qu'on appelle la vie mystique, c'est-à-dire de l'union ardente des âmes dans un idéal divin, toute vie n'est que misère et mort. » (p. 54-55)

« Les vrais croyants sont ceux qui veulent abolir l'exploitation de l'homme par l'homme, et, par suite, les haines d'homme à homme ; les haines aussi de race à race, de nation à nation, toutes les haines, et créer vraiment l'humanité qui n'est pas encore. Mais créer l'humanité, c'est créer la raison, la douceur, l'amour, et qui sait si Dieu n'est pas au fond de ces choses ? » (p. 58)

Citons, enfin, un fragment d'un discours célèbre, prononcé à la Chambre le 14 et le 24 janvier 1910, en faveur de la laïcité et en réponse aux sarcasmes de certains députés de droite : « Voulez-vous me permettre de vous dire toute ma pensée ? Je vous la dis sans embarras : Je ne suis pas de ceux que le mot Dieu effraye. J'ai, il y a vingt ans, écrit sur la nature et Dieu et sur leurs rapports, et sur le sens religieux du monde et de la vie, un livre dont je ne désavoue pas une ligne, qui est resté la substance de ma pensée. Au risque de vous surprendre, je vous dirai que j'en ai fait il y a peu de temps une deuxième édition, et que je n'y ai fait aucun changement. Je ne suis donc pas suspect, et je n'ai pas de ce mot la superstition ni positive ni négative ; j'essaye de chercher avant tout quelle idée on entend lui faire exprimer[2]. »

Ce livre dont parle Jaurès, c'est sa thèse principale de doctorat, *De la réalité du monde sensible*, où l'idée de Dieu apparaît comme tout à fait centrale, comme il le dit lui-même, et dont le contenu est toujours resté la substance de sa pensée. Pour lui, la personne humaine participe au Moi de Dieu qui est « la mesure et l'essence même de la réalité ».

A propos du socialisme et de Ségolène Royal qui se situe dans la lignée de Jaurès et auquel elle se réfère plus qu'à Léon Blum et à François Mitterrand, les deux thèmes à retenir sont : *révolution morale* et *révolution matérielle*. Concernant le premier thème elle demeure fidèle à Jaurès, sans pour autant renvoyer à sa doctrine philosophique qui se trouve à l'arrière-plan. Nous nous demanderons par la suite s'il en est de même pour le second.

---

2. Jean Jaurès, *L'Esprit du socialisme*, Ed. Gonthier, Paris, 1964, p. 162.

Les études et discours de Jaurès sont émaillés de références à des valeurs telles que la justice, l'ordre, le travail : le socialisme est « un immense mouvement de justice » ; le socialisme est « la recherche de l'absolue justice dans les relations des hommes entre eux » ; « la société humaine a besoin de justice fraternelle » ; il faut « arracher l'humanité à ces injustices extérieures de l'ordre social... », « ... réaliser la justice dans l'ordre social... » ; « ... par l'avènement de l'ordre réel, de la justice réelle, dans les rapports de la communauté humaine, il y aura *un fait nouveau* dans l'univers... » ; « ... pas d'idéal plus noble que celui d'une société où le travail sera souverain, où il n'y aura ni exploitation, ni oppression, où les efforts de tous seront librement harmonisés... »

Les interviews et déclarations de Ségolène Royal sont également émaillées de références à des valeurs telles que la justice, l'ordre, le travail, auxquelles il faut ajouter la démocratie participative, thème nouveau depuis quelques années, qui était présent dans les revendications du mouvement de mai 68 et qu'il convient de lier au thème de l'autogestion, plus centré sur la participation à l'organisation de la vie économique et sociale.

Présentons quelques extraits d'interventions et de discours de Ségolène Royal, tirés du site internet, *Désirs d'avenir* :

« J'appelle, pour ma part, démocratie participative la possibilité effective pour les citoyens d'orienter directement les choix, y compris financiers, et l'action publique. Quelles qu'en soient les formes – budgets participatifs, conférences de consensus à la scandinave, jurys de citoyens, référendum – cela suppose de reconnaître aux citoyens leur capacité d'expertise légitime : non seulement un savoir d'usage mais le pouvoir d'influer réellement sur les décisions qui les concernent. C'est donc tout autre chose que la fade "démocratie de proximité" dont s'accommodent sans peine les pouvoirs de toujours. » (28-05-06, Démocratie participative : le mot et la chose ; 2es Rencontres annuelles Europe-Amérique latine « Démocratie participative et qualité des services publics » – 28 et 29 avril 2006)

«C'est une demande de sens et de compréhension du monde où les repères d'antan, à commencer par ceux relatifs au travail, semblent s'effondrer l'un après l'autre. La première tâche de la gauche, c'est de proposer une lecture cohérente et partageable de cette «grande transformation» qui ne se borne pas aux métamorphoses du marché et à la financiarisation de l'économie, à la flexibilisation du travail et au règne angoissant du court-termisme mais n'épargne désormais aucun domaine de l'existence, bouleverse les modes de vie, les rapports de l'individuel et du collectif (cf. pessimisme collectif – optimisme individuel), brouille les représentations de l'avenir et correspond, sur fond d'incertitudes grandissantes, à une véritable mutation anthropologique ou civilisationnelle. (25-08-06, Discours à l'Université d'été d'Attac-Poitiers)

«Pour nous, l'égalité ne se borne pas aux droits théoriques des citoyens devant la loi : le combat contre l'inégalité des chances et contre sa reproduction héréditaire est au cœur de notre engagement. Pour nous, «il faut subordonner comme l'écrivait Jaurès, les lois brutales de la concurrence aux lois supérieures de la vie» et donner à chacun les moyens de prendre effectivement son existence en main. Voilà pourquoi, pour nous, la liberté et la responsabilité individuelle, qui sont aussi des valeurs de gauche quoique parfois trop délaissées, appellent le renforcement des solidarités et des garanties collectives et non pas leur affaiblissement. C'est cela qui nous distingue de la droite.» (29-09-06, Discours de «Vitrolles», Déclaration officielle de Ségolène Royal à la candidature)

«Alors, la présidentielle de 2007 doit mettre un coup d'arrêt et de nouveau, tirer la France vers le haut. Nous réussirons à mettre fin à ces désordres, nous réussirons à mettre en place un ordre social et international juste, et des sécurités durables... Car, comme le disait Jean Jaurès, «c'est la nation, disait-il en 1902, qui longtemps encore fournira le cadre historique du socialisme, le moule d'unité où sera coulée la justice nouvelle, il n'y a que la nation qui puisse affranchir tous les individus, et fournir à tous les moyens du libre développement. Et quand la nation est forte, disait-il, alors elle peut se tourner vers l'internationalisme.»

«C'est pourquoi je crois à cette démocratie participative, qui complète et qui renforce la démocratie représentative. C'est elle qui va déterminer la force de l'adhésion à un projet. C'est le meilleur rempart contre le populisme. Le populisme est un mouvement négatif, c'est une pulsion de dénigrement, de destruction, de déconstruction.» (*L'Hebdo des socialistes* du 21 octobre; propositions des 3 candidats sur les questions économiques et sociales – Intervention, le samedi 7 octobre, devant le Conseil National du Parti socialiste.)

«L'exigence politique est là : que tout le monde puisse construire sa vie, la maîtriser, transmettre à ses enfants les valeurs et le bagage pour réussir...

Première tâche donc : donner un sens au présent, poser les mots justes sur les changements en cours, s'arracher aux oppositions convenues, relier, renouer ensemble. Comment, par exemple, conjuguer plus de liberté et de solidarité? Comment mieux articuler mérite et égalité réelle?» («Construire sa vie», *L'Hebdo des socialistes* du 28 octobre 2006.)

S'il est vrai, comme l'estime Ségolène Royal, qu'on ne peut concevoir un avenir sans une valorisation, il est également juste de penser qu'en se donnant un avenir l'être humain par le fait même accepte des valeurs, ce qui ne signifie pas autre chose qu'il reconnaît en dehors de lui l'existence de principes objectifs et transcendants susceptibles d'orienter sa vie. Tout homme se donne une loi propre, seul est moral celui qui confronte sa loi à une autre de portée universelle. L'être moral est celui qui reconnaît l'existence d'autrui. Et si l'autre a, lui aussi, sa loi, il faut, pour qu'une entente soit possible, pour qu'un acte ait un sens et ne soit pas agitation stérile, simple mouvement physique dans un monde fou, que subsiste une possibilité d'appréciation par rapport à une norme transcendante.

Dès lors on comprendra aisément toute l'importance de la notion de justice. Pour donner à l'individuel en nous et à notre œuvre un sens, une garantie et une protection de l'individu s'avèrent indispensables. La justice est essentiellement l'acte qui valorise l'individualité et l'œuvre humaine, qui est une œuvre accomplie avec les autres, c'est l'acte qui me permet de disposer de moi et qui permet à l'autre de disposer de lui.

Et puisque toute œuvre est d'une certaine manière collective, la justice, liée à ce sentiment moral fondamental qu'est le respect, se situe à tous les niveaux de relations entre les hommes : au sein de la famille, au sein des multiples groupements dont l'ensemble forme la nation, au sein, enfin, des collectivités supranationales et de la société internationale. Pour conférer à son œuvre une signification et pour que l'autre puisse, de son côté, en faire autant, nous avons besoin d'être reconnus l'un par l'autre. Cette reconnaissance s'impose à l'échelon inter-individuel autant qu'international, et à tous les stades intermédiaires constitués par les relations entre les divers groupements sociaux. La justice se révèle donc comme le fondement même de la paix, qui doit s'instaurer dans les rapports privés et publics, entre les hommes et entre les peuples, et sans laquelle ne peut s'édifier et se consolider nulle œuvre, aussi bien personnelle que collective.

L'ordre juste est la notion centrale de la vision du monde que propose Ségolène Royal. Celle-ci a-t-elle été inspirée, comme l'affirme un hebdomadaire[3], par la théorie thomiste de « l'ordre juste », expression reprise récemment par le pape Benoît XVI. Non, c'est une erreur. Elle a été inspirée, nous venons de le montrer, par Jean Jaurès. On pourrait faire une comparaison et estimer que le concept d'*habitus* de Pierre Bourdieu, qui désigne un système de dispositions psychiques marquées par l'éducation que l'on a reçue, est une reprise de celui de saint Thomas. Il faut chercher l'origine de *l'habitus* de Bourdieu dans la lecture de Durkheim et de Weber et non chez saint Thomas. Mais on sait que c'est le concept d'*hexis* d'Aristote, qui a été traduit par le terme *habitus*, au VIe siècle, par Boèce et qui a été repris par saint

3. *La Vie*, 23 novembre 2006, p. 43.

Thomas. Il y a, à notre avis, moins de distance entre l'*habitus* de Bourdieu et l'*habitus* de saint Thomas qu'entre l'ordre juste de Ségolène Royal et l'ordre juste de saint Thomas.

L'ordre juste thomiste, en effet, est un ordre hiérarchique. Il désigne une sorte de théocratie modérée, une théocratie raisonnable dans la mesure où le pouvoir civil doit rechercher le bien de tous et où, par exemple, le roi peut être déposé s'il privilégie son bien propre au détriment de celui de son peuple, mais c'est bien d'une théocratie qu'il s'agit et l'esprit thomiste est marqué par le principe hiérarchique. L'ordre juste de Jean Jaurès et de Ségolène Royal a pour fondement l'égalité.

Le concept d'ordre implique l'idée d'une cohérence qui repose sur un certain nombre de rapports entre les êtres humains, coordonnés autour d'un principe absolu. Cela peut être l'égalité, cela peut être Dieu, l'autorité du roi ou du chef, le respect d'une certaine hiérarchie sociale. L'idéal de Jean Jaurès était de faire de l'humanité entière une élite. Il assignait pour objectif au combat politique l'accomplissement de l'homme en chacun. Ségolène Royal n'a pas utilisé ces expressions. Mais c'est l'égalité qui est au cœur de son discours sur l'ordre. Dire «l'ordre juste, c'est juste l'ordre», c'est utiliser une formule qui renvoie à la nécessaire soumission des citoyens à des règles ou à des lois. Non, l'ordre juste de Ségolène Royal, ce n'est pas juste l'ordre. Interrogée, par exemple, au cours de l'émission de télévision, «Ripostes» en décembre 2006, sur sa conception de l'ordre juste, elle a indiqué que c'était un «principe universel», que le capitalisme c'était le désordre, que la précarité dans le travail c'était le désordre, et que l'ordre juste signifiait les mêmes règles pour tous. Et quand elle parle de mérite, elle semble l'entendre comme une valeur morale, qui suppose un effort mais renvoie à l'idée de justice.

L'affirmation de la nécessité d'établir dans la société un «ordre juste» a valu à Ségolène Royal de très vives critiques de la part de commentateurs ou d'hommes politiques de gauche. Cela est difficilement compréhensible. Oui «l'ordre» est une valeur de droite, mais «l'ordre juste» est une valeur de gauche. L'ordre préconisé par la droite est un ordre hiérarchique, il implique une contrainte, celle de la loi élaborée par les puissants; l'ordre de la droite, c'est ce qu'Emmanuel Mounier appelait le «désordre établi». L'ordre juste de Ségolène Royal est une valeur de gauche, c'est un ordre égalitaire, il implique également une contrainte, celle d'une éthique, celle qui découle de l'application de certains principes moraux, c'est ce que préconisait Jean Jaurès. Pour elle, «l'ordre sans la justice, c'est l'autoritarisme obtus et, très vite, le totalitarisme, sous une forme ou sous une autre. Et la justice sans l'ordre, ça ne dure pas et ça ne marche pas, ça n'est d'ailleurs pas la justice, car ce sont toujours les mêmes qui payent le prix fort des désordres. Moi, je veux instaurer un ordre juste qui soit garant, pour tous, de sécurités durables[4].»

La vision du monde de Ségolène Royal est inspirée de celle de Jean Jaurès : le personnalisme humanitariste, que l'on peut considérer comme un nouvel humanisme. A l'origine, l'humanisme c'est une vision du monde fondée sur l'idée de la possibilité pour l'homme d'atteindre par les seules forces de sa nature à une pleine réalisation de soi. L'humanisme ne se ramène pas simplement à un comportement moral, c'est une véritable vision du monde. Il ne caractérise pas simplement un mouvement littéraire, apparu à la Renaissance; c'est une philosophie du monde et de la vie, qui constitue le fondement même de la pensée occidentale moderne. Le rationalisme cartésien en est l'expression la plus vigoureuse; l'empirisme anglais nous en offre une version moins radicale. Primauté de la conscience individuelle, liberté, tels sont les deux éléments fondamentaux constitutifs de l'humanisme rationaliste; l'homme est un sujet autonome, ni contraint par «l'objet», puisqu'il peut suspendre son jugement, ni contraint par Dieu.

4. *Maintenant, Ségolène Royal répond à Marie-France Colombani*, p. 217-218.

Primauté de la conscience individuelle, proclamation de la liberté humaine c'est cela que certains refusent d'admettre. Ce qui leur paraîtra encore plus inacceptable, c'est la pensée des encyclopédistes, d'un Diderot par exemple, professant un athéisme radical. Voir dans l'autorité la source de toute certitude et retourner à un certain théocentrisme, exalter l'expérience qui mène à un au-delà susceptible de révéler l'Univers et déboucher ainsi dans un mysticisme naturaliste ou religieux, le traditionalisme de Joseph de Maistre et de Louis de Bonald d'une part, le romantisme de Schelling d'autre part, se définissent tous deux par une commune dépréciation de la raison et se caractérisent par leur opposition à ce qui constitue l'essentiel de l'humanisme. Mais s'ils se refusent à reconnaître la souveraineté de la raison et à croire à une réelle autonomie individuelle, c'est qu'ils perçoivent un manque : l'humanisme montre ses limites en ce qu'il n'établit pas de relation entre la conscience individuelle et les autres consciences individuelles, entre l'individu et l'ensemble de l'univers.

Seul le personnalisme apporte une solution et permet un dépassement de l'humanisme, car la personne, c'est l'*individu*, être raisonnable, autonome et libre, mais l'individu lié aux autres individus au sein d'une *communauté*; c'est l'*individu*, être physique, élément du Cosmos, mais l'individu *intégré dans l'univers*. Dans la mesure où l'individu de l'humanisme est posé comme totalement indépendant, on ne voit pas comment il peut arriver à percevoir l'univers autrement que comme une réalité extérieure dont il faut étudier scientifiquement les lois et qu'il convient seulement de maîtriser, on ne voit pas comment il peut arriver à s'accorder avec ses semblables : par l'établissement d'un pacte ou d'un contrat social, par la soumission à l'autorité d'un dieu transcendant ou de ceux qui se proclament ses interprètes, seuls capables d'assurer la paix et la concorde, par la fusion avec les autres dans le Grand Tout ? Il faut, au contraire, au départ saisir l'homme dans sa relation à l'univers et aux autres, et penser l'harmonie comme possible, comme déjà en germe.

Le personnalisme comme l'humanisme est une vision du monde fondée sur l'idée de la possibilité pour l'homme d'atteindre par les seules forces de sa nature à une pleine réalisation de soi ; il se fonde également sur l'idée de la nécessité pour cette marche individuelle vers la réalisation de soi de s'accompagner d'une marche parallèle d'autrui vers une réalisation de lui-même.

Qu'est-ce donc que l'homme? Si la philosophie se pose cette question, elle est amenée par une nécessaire confrontation avec les sciences humaines à répondre que l'homme est un être qui parle et qui agit, qui parle aux autres et qui agit avec les autres, un être qui cherche à maîtriser le monde et qui produit des œuvres de civilisation matérielle et de culture. Ainsi cet être raisonnable, autonome et libre est un être ouvert sur l'univers et inséré dans une communauté. L'humanisme se soucie uniquement du devenir de l'individu sans se rendre compte que la réalisation de soi ne peut s'effectuer au travers d'une œuvre singulière et même qu'il n'existe pas vraiment d'œuvre strictement et totalement individuelle. Autrui peut être un moyen au service de mon projet, mais il est toujours proche. L'œuvre personnelle est expression de soi, mais également fruit d'une action partagée : synthèse du singulier et du collectif, de l'individuel et du communautaire.

Toute vision du monde, par conséquent l'humanisme, est un point de vue global et cohérent sur l'existence, expression d'un ensemble d'aspirations, de sentiments, d'idées, de schèmes esthétiques, de symboles, de modèles culturels, de normes sociales et de valeurs. Elle s'élabore toujours à partir d'un groupe social, plus précisément d'une classe ou d'une couche sociale, caractérisée par la nature des rapports qu'elle entretient avec les autres classes ou couches sociales.

L'humanisme est la vision du monde de la bourgeoisie. Il s'est constitué pour s'opposer au point de vue théocentrique de la société médiévale. Une nouvelle manière d'envisager la réalité commence, en effet, à s'exprimer dès la fin du XIIIe siècle, et va s'affirmer à la Renaissance. La bourgeoisie naissante forme le groupe social qui en est l'initiateur, car la situation économique et sociale à laquelle elle se trouve confrontée la conduit à rompre avec l'ordre ancien. L'essor de la société marchande favorise l'apparition d'un esprit nouveau, caractérisé par la revendication de l'autonomie individuelle et l'affirmation d'une plus grande rationalité dans les rapports sociaux. A la civilisation rurale marquée par le théocentrisme va se substituer une civilisation urbaine marquée par l'humanisme; le système féodal dominé par la noblesse laisse peu à peu la place au système capitaliste dominé par la bourgeoisie. Au Moyen Age, la culture s'élabore à partir du point de vue des nobles et des clercs qui, en dehors de leur rôle propre, assument une fonction importante d'encadrement social, intellectuel et moral de la paysannerie; à partir de la Renaissance, la culture s'élaborera autour du point de vue des bourgeois qui, en dehors de leur rôle propre, assument une fonction importante d'encadrement social, intellectuel et moral de la petite bourgeoisie et de la classe ouvrière naissante.

Prise de distance par rapport à une divinité en quelque sorte présente partout, sans qu'il y ait nécessairement pour autant mise en cause d'une transcendance, indépendance vis-à-vis de l'autorité ecclésiastique au moins pour tout ce qui a trait aux affaires d'ici-bas, refus de toute dévaluation du monde, voilà ce qui motive et dynamise la bourgeoisie. Orientée vers la conquête de ce monde, son attention polarisée par la nécessité de le maîtriser, elle va poser la conscience individuelle comme souveraine, concevoir un homme épris de liberté, extérieur à toute organisation communautaire, capable de se déterminer comme réalité en soi et comme être totalement différencié. Se situant dans la perspective d'une prise du pouvoir à tous les niveaux de ce monde, elle s'oppose à toute limitation de l'action humaine, la seule restriction admise étant la reconnaissance de la liberté des autres; elle proclame la nécessité pour l'homme de chercher à atteindre par les seules forces de sa nature à une pleine réalisation de soi. Apparu à la fin du Moyen Age, l'humanisme s'épanouit à la Renaissance et poursuit une trajectoire ascendante jusqu'au XIXe siècle : le cartésianisme et la philosophie des

Lumières constituent des étapes décisives de ce mouvement de progression de la bourgeoisie, forte de son pouvoir économique, vers la suprématie culturelle et politique.

L'humanisme est la vision du monde de la bourgeoisie. Mais comme toute classe, celle-ci ne forme pas un tout véritablement homogène. *L'humanisme est par excellence la vision du monde de la moyenne bourgeoisie*, car c'est au sein de cette couche sociale qu'elle s'élabore. Les écrivains et philosophes qui veillent à sa formulation sont des membres de cette fraction de classe. Ce sont eux qui assurent la domination culturelle de l'ensemble de la classe, mais dès lors qu'ils commenceront à être assaillis par le doute sur la valeur des principes formulés, l'humanisme entrera en crise et dévoilera ses limites, en attendant que soit dressé son constat de décès, ce qui se fera dans la seconde moitié du XXe siècle.

C'est au milieu du XIXe siècle que le doute commence à s'installer et que l'humanisme entre en crise. L'origine du malaise, c'est ce qu'on a appelé *la question sociale*. La révolution industrielle bouleverse le paysage économique de la France, mais ses conséquences sociales semblent inacceptables : le paupérisme se révèle dans toute son horreur, les conditions de travail du prolétariat ouvrier (hommes, femmes et même enfants, soumis eux aussi aux rigueurs de l'économie libérale) apparaissent insupportables. Dès lors, comment continuer à affirmer la possibilité pour l'homme d'atteindre par les seules forces de sa nature à une pleine réalisation de soi ? La misère ouvrière visible, patente, ébranle les esprits et suscite un trouble de la conscience morale.

Les intellectuels, face à cette question sociale, s'orienteront dans des voies diverses. Ils préconiseront, tous, des solutions pratiques pour assurer une défense et une protection du prolétariat, mais celles-ci se présenteront sous des formes plus ou moins radicales, selon le courant de pensée auxquels ils se rattacheront. Les catholiques se partageront pour ainsi dire en deux camps : les uns se sentiront proches du traditionalisme, se révélant ainsi sur le plan théorique opposés à l'humanisme ; les autres tenteront d'élaborer une doctrine nouvelle, en conformité avec ce qui constitue l'essentiel de l'esprit de l'humanisme, mais ordonnée autour de la doctrine sociale de l'Église, qui commence à se diffuser : c'est le courant du *catholicisme social* que l'on peut appeler également *humanisme social.* Les laïques, eux, resteront pour la plupart fidèles à l'humanisme libéral, capable à leur avis, de corriger les excès du nouvel ordre économique dominant, mais certains emprunteront parfois la voie romantique, alors que d'autres, Jean Jaurès en particulier, mettant en cause le principe même du libéralisme et se présentant comme les porte-parole de la classe ouvrière, inventeront une nouvelle forme d'humanisme, *l'humanitarisme*.

Entre l'humanisme, disons classique, et l'humanitarisme, la distance est grande, et il convient de s'arrêter sur leur définition. L'humanisme, vision du monde de la bourgeoisie, c'est l'humanisme libéral, expression de la société marchande qui suppose que se trouvent mis en présence des individus recherchant, chacun, leurs intérêts économiques propres, et que cette recherche va dans le sens de l'intérêt général : l'humanisme libéral ou individuelliste (nous disons « individuelliste », car les termes individualiste, individualisme ont une connotation péjorative) ne croit pas à l'existence d'un ordre politique et social qui résulterait de l'impuissance des êtres humains à se gouverner selon la raison. L'humanisme social, personnalisant, soucieux également d'assurer le bien de l'individu, se refuse à admettre que l'économie de marché soit capable d'engendrer automatiquement le bien commun et préconise à la fois l'intervention, si nécessaire, de la puissance publique et l'instauration ou le raffermissement de communautés intermédiaires entre l'individu et l'État[5].

L'humanitarisme, terme fréquemment utilisé au XIXe siècle, a été défini comme l'ensemble des conceptions humanitaires, souvent considérées comme illusoires et irréalisables ou même

5. Il s'agit du principe de subsidiarité, cher au catholicisme social.

dangereuses (*Grand Larousse de la langue française*), jugées utopiques ou dangereuses (*Le Grand Robert*). Bien évidemment ces conceptions humanitaires sont élaborées par des intellectuels qui appartiennent eux aussi à la moyenne bourgeoisie, mais qui reprochent à l'humanisme libéral d'être en rupture avec la réalité du vécu, celle-ci étant non pas animée par le souffle de la liberté, mais marquée plutôt par la violence ? L'humanitarisme comprend l'être humain moins par son individualité, sa singularité, que par son caractère universel, comme le voulait en quelque sorte Kant : la notion d'humanité, voilà le principe de toute obligation. L'accent est ainsi mis sur la nécessité de reconnaître à tout être humain la même identité et de chercher à parvenir à une égalité dans les conditions matérielles de vie de tous les individus, car accepter les inégalités, cela constitue « une offense, une insulte à la nature même de l'homme ». L'humanitarisme ne s'oppose pas, on le voit, à l'humanisme ; c'en est l'une des formes ; il s'oppose plutôt à libéralisme, qui en est également l'une des formes. Le terme a vieilli ; il nous paraît, cependant, important de bien le maintenir car il permet des distinctions utiles. Mais peut-être faudra-t-il quand même l'abandonner, car il risque d'apparaître comme étant lié à l'existence des associations humanitaires actuelles ? On pourrait le remplacer par le mot solidarisme, à cause de l'importance accordée à la notion de solidarité et compte tenu du fait qu'est née au XIXe siècle une doctrine, le solidarisme, qui place la solidarité au fondement même de la morale et de la politique.

Il existe, donc, au XIXe siècle, trois sortes d'humanisme : « l'humanisme libéral individuelliste », vision du monde de la bourgeoisie ; « l'humanisme social personnalisant », vision du monde d'une fraction limitée de la moyenne bourgeoisie catholique ; « l'humanisme humanitariste socialisant » ou humanisme solidariste, vision du monde de la classe ouvrière et de certaines fractions des « classes moyennes » salariées. Elles continuent, en ce début du XXIe siècle, à marquer les esprits. Elles revêtent des caractères nouveaux, mais qui apparaissent mineurs : l'humanisme traditionnel, quelle qu'en soit la variante, ne peut plus se renouveler, parce que la couche sociale qui en assurait l'élaboration, c'est-à-dire la moyenne bourgeoisie, a perdu toute autonomie et a cessé pratiquement d'exister.

Après la seconde guerre mondiale la moyenne bourgeoisie se trouve de plus en plus obsédée par l'évolution de sa situation. Les petites et moyennes entreprises, qui sont souvent des affaires familiales, périclitent ou passent sous la domination des grandes entreprises; le désarroi des membres des professions libérales commence : les médecins deviennent dépendants de la Sécurité Sociale et passent plus ou moins sous le contrôle de l'Etat, les architectes tendent à n'être plus que les «salariés» des banques et des sociétés financières de construction; les écrivains, les universitaires, organiquement liés à cette moyenne bourgeoisie s'interrogent. Quelle sera la production intellectuelle d'*une couche sociale menacée et qui se demande si elle peut encore agir*. L'existentialisme d'après-guerre est l'expression de cet état et de ce doute : une philosophie de la limite et de l'échec. Mais une issue n'existe-t-elle pas quand même? Sartre écrira *L'existentialisme est un humanisme*. Les années passant, la situation s'aggrave sensiblement et semble même être désespérée. Quelle sera la production intellectuelle d'*une couche sociale agonisante et qui ne sait plus comment agir*? La philosophie structuraliste est l'expression de cet état et de cette mort programmée. *La prise de conscience par la moyenne bourgeoisie de sa propre réification*, voilà ce qui explique (en partie, au moins) la naissance du Nouveau roman et l'apparition de cette philosophie structuraliste. Du poète Jean de Meung, né au milieu du XIIIe siècle, à Pétrarque né au début du XIVe siècle et considéré comme le premier grand poète des Temps modernes, et au romancier Alain Robbe-Grillet, la boucle est bouclée : début, essor et fin de l'humanisme; du philosophe et théologien Érasme, qui a vécu à la fin du XVe siècle et au début du XVIe, à Descartes, à Diderot et, enfin, à Sartre et Foucault, la boucle est bouclée : début, apothéose, crise et mort de l'humanisme. Trouble ou révolte face à la question sociale, conduisant à l'humanisme social ou à l'humanisme humanitariste, angoisse face à la dégradation de son rôle, conduisant à l'humanisme existentialiste, désespoir face à la disparition de son pouvoir, conduisant à l'anti-humanisme, les visions du monde ont un soubassement social dont il faut absolument tenir compte, si l'on veut comprendre la réalité culturelle. La moyenne bourgeoisie n'ayant plus d'existence réelle, c'est à partir d'une nouvelle classe, la classe des travailleurs intellectuels salariés, que dorénavant les réponses de l'ordre du concept ou de l'ordre de l'imaginaire vont être apportées aux questions que se posent nos contemporains.

Cette nouvelle classe comprend, comme nous l'avons indiqué précédemment, deux couches sociales distinctes : les travailleurs intellectuels salariés engagés principalement dans le secteur de la production marchande et les travailleurs intellectuels salariés engagés principalement dans le secteur de la production non marchande. La vision du monde qui caractérise la première de ces deux couches sociales, c'est *l'humanisme social*. Elle reste marquée par l'inspiration chrétienne, telle qu'elle s'est manifestée au XIXe siècle et au début du XXe ; elle emprunte assez largement au personnalisme d'Emmanuel Mounier, en accentuant l'aspect humaniste de sa philosophie au détriment de son aspect critique ; elle est ouverte à l'éthique contemporaine ordonnée autour de la défense des droits de l'homme ; elle magnifie ce que certains appellent l'esprit « démocrate » par opposition à ce qui serait l'esprit « républicain », en se donnant pour visée fondamentale l'épanouissement de l'individu, libéré de la tutelle de l'État. Il s'agit bien d'humanisme, car se trouve posée la possibilité d'une réussite individuelle, mais d'un humanisme social que nous disons personnalisant, car se trouvent également posées l'obligation de la reconnaissance du rôle des communautés intermédiaires et la nécessité de la recherche de la justice, une justice qui se voudrait plutôt commutative dans la mesure où elle serait fondée sur des rapports personnels contractuels excluant l'intervention obligatoire de l'autorité publique. Un épanouissement de l'individu grâce à une moralisation des rapports humains et du système social, tel est l'idéal que semblent souhaiter voir s'incarner les intellectuels organiquement liés à cette couche sociale, qui mettent peu à peu en forme cette vision du monde.

L'autre couche sociale formée des travailleurs intellectuels salariés, engagés plutôt dans le secteur de la production non marchande, apparaît plus nettement fidèle à une tradition, celle de Jean Jaurès en particulier, dont s'inspire Ségolène Royal. La vision du monde qui, dans l'ensemble, caractérise cette couche sociale, c'est *l'humanisme humanitariste ou humanisme solidariste*. Elle est marquée par l'inspiration laïque ; elle privilégie l'universel par rapport au particulier ; elle se donne pour principe d'obligation l'humanité plutôt que l'individualité ; elle valorise l'idée de république, considérée comme la forme supérieure de démocratie ; elle proclame l'égalité de tous et préconise l'établissement d'une justice distributive, convaincue que la répartition des biens et des services nécessite la garantie d'une autorité externe et ne peut se réaliser en dehors du contrôle de l'institution étatique.

La politique se présente, chez Ségolène Royal qui se situe dans la lignée de Jean Jaurès, comme la médiation de l'éthique dans la société. Mais une telle conception exige d'elle une réflexion plus poussée sur le contenu des notions qu'elle privilégie, par exemple celles de citoyen expert, de démocratie participative et d'ordre juste. Je ne présenterai que quelques brèves critiques de nature différente sur l'utilisation qu'elle en fait.

Tout d'abord la notion de *citoyen expert*. Ségolène Royal n'a pas entamé, comme on le lui a reproché, le procès de l'élitisme. Elle veut faire de l'ensemble des Français une élite. Mais ce qui, chez Jaurès, se présente sous la forme d'un souhait ou demeure un idéal, s'exprime, en ce qui la concerne, d'une manière par trop réaliste. Qui est le meilleur expert de ses problèmes ? Le citoyen lui-même, précise-t-elle. Cela est à la fois vrai et faux. Tout être humain a une connaissance de la réalité dans laquelle il se trouve enserré. La distance est, cependant, grande entre la connaissance empirique et la connaissance rationnelle, la connaissance scientifique. Le véritable expert est celui qui adopte une démarche caractérisée essentiellement par la rationalité. Les experts déçoivent souvent, parce que leurs conclusions dépendent d'une problématique fausse ; ils partent de postulats erronés ou ne se défont jamais d'une certaine idéologie. C'est souvent le cas dans le domaine du social, du psychologique ou de celui de l'économie. Le citoyen « expert », lui, a une connaissance empirique, qui peut être altérée ou faussée par des « a priori », des préjugés, des ressentiments ou des émotions aveuglantes. C'est pourquoi les citoyens experts auront toujours besoin de l'aide des vrais experts, la confrontation avec les spécialistes ne pouvant que se révéler fructueuse. Vouloir faire de l'humanité entière, en la circonstance de l'ensemble du peuple français, une élite, c'est un idéal ; ce n'est pas la réalité. Du projet politique de Ségolène Royal doit justement découler un programme définissant les moyens pour parvenir à cet idéal lointain.

Précisons que Ségolène Royal, en réponse à des questions qui lui ont été posées, a nettement insisté sur la nécessité de procéder à cette confrontation avec les spécialistes. C'est le cas, par exemple, dans l'ouvrage *Maintenant*. « Les expertises, scientifiques ou techniques, déclare-t-elle, l'arbitrage politique au nom de l'intérêt général, tout cela est nécessaire si l'on veut prendre les bonnes décisions et vérifier que l'action publique atteint bien ses objectifs[6]. » Et elle précise : « Je trouve très fécond de croiser l'expertise savante et l'expertise vécue, la réflexion des spécialistes et celle des citoyens[7]. »

La *démocratie participative* ? La démocratie directe, si elle a vraiment pu s'exercer dans le passé, n'a été possible que dans des petites unités de vie. On cite souvent l'exemple de l'agora grecque. Mais dans une société de large dimension, il faut bien que les décisions soient prises par un nombre limité de personnes. On peut croire que cette fonction appartient à un élu divin, qui lui-même choisit ses collaborateurs. Les peuples

6. *Op. cit.*, p. 54.

7. *Ibid.*, p. 88.

ont peu à peu pris conscience du fait qu'ils étaient la source de la souveraineté et qu'ils pouvaient eux-mêmes désigner des représentants pour prendre les décisions nécessaires à la bonne marche de la cité. Mais comment éviter d'être dépossédé de son pouvoir ? La démocratie participative exprime justement l'exigence d'une association avec les élus. Elle doit pouvoir s'exercer en harmonie avec la démocratie représentative.

Il est inutile de s'étendre sur ce sujet qui a déjà donné lieu à de très nombreux développements et à de très importantes considérations. Ségolène Royal a émis des idées qui nous semblent justes sur la nécessité du contrôle des élus. La notion de « jury populaire » ou de « jury citoyen » a prêté à discussion ; elle a été l'occasion d'un faux procès. Jury ne signifie pas tribunal. Tout le monde sait ce qu'est un jury d'examen, et les hommes politiques ainsi que les journalistes qui ont vivement critiqué Ségolène Royal, ont tous entendu parler de l'émission qui a lieu, le dimanche à 18 h 30, « Le grand Jury RTL – Le Figaro – LCI ».

La critique qu'il me paraît nécessaire de formuler est d'une nature différente. Pourquoi Ségolène Royal limite-t-elle l'exercice de la démocratie participative à l'ordre du politique ? Démocratie participative ne signifie pas seulement contrôle des représentants élus au Parlement ou dans les Conseils municipaux, départementaux et régionaux. La notion comporte une dimension essentielle qui exprime l'aspiration de tout être humain à parvenir à une relative maîtrise de ce qu'il fait, d'une maîtrise de son œuvre.

Pourquoi la démocratie participative ne serait-elle pas étendue à l'ordre du social, à l'ordre de l'économique ? Jean Jaurès voulait lutter également pour l'instauration d'une démocratie sociale. La notion de « jury citoyen » renvoie nécessairement à celle de « contrôle des travailleurs », ce qui signifie que les salariés devraient pouvoir contrôler l'activité de leurs représentants syndicaux élus, ce qui pose le problème du pouvoir des syndicats : doivent-ils se limiter à la défense du niveau de vie et des conditions de travail des salariés ou détenir un réel pouvoir dans l'organisation même de la production, face aux propriétaires du Capital, et dans l'organisation du travail à tous les échelons de l'entreprise ?

L'*ordre juste* ? Ce n'est pas sur le contenu de la notion que portera notre critique. Ce qui nous paraît contestable, c'est l'application qui est faite, dans certains domaines, des principes affirmés et des valeurs préconisées. A une question posée, relative à la diplomatie qui serait la sienne, si elle était chef de l'Etat, Ségolène Royal répond : « Ma diplomatie serait une diplomatie avant tout de confiance, égalitaire[8]. » En effet, dans ses discours et ses déclarations diverses, elle défend une politique internationale, fondée sur le respect de la liberté des peuples et le refus de toute domination.

L'ordre juste doit être instauré à l'échelon national aussi bien qu'international, elle l'a précisé à maintes reprises. Que faut-il penser de son point de vue sur l'Iran ? Au cours du débat qui a eu lieu à la télévision entre des journalistes et les trois candidats socialistes à la candidature, en 2006, elle s'est prononcée contre l'accession de l'Iran au nucléaire civil. Laurent Fabius et Dominique Strauss-Kahn ainsi que de nombreux journalistes, dans les jours suivants, ont pensé qu'elle avait commis une erreur, confondant le nucléaire civil avec le nucléaire militaire. Au cours de son voyage au Proche-Orient, elle a tenu les mêmes propos, confirmant bien sa position : non au nucléaire civil pour l'Iran.

Il s'agit là d'une position tout à fait logique. Les critiques qui lui ont été faites sont plutôt le signe d'une réelle hypocrisie. A partir du moment où l'on se dit sûr que la volonté des Iraniens est de parvenir au nucléaire militaire, et c'est le cas de tous les gouvernements occidentaux, on ne peut que leur interdire le nucléaire civil, puisque la maîtrise du civil permet aisément celle du militaire. Ils y ont droit, s'ils acceptent d'être contrôlés,

---

8. Ségolène Royal, *Femme debout,* Entretiens avec Françoise Degois, p. 217.

dit-on. Mais même s'ils acceptaient un contrôle, qui pourrait les empêcher de faire partir les contrôleurs, une fois la technologie nucléaire mise au point ? Ils ont signé le traité de non-prolifération ? On peut toujours dénoncer un traité et s'affranchir des règles qu'il prévoit en retirant sa signature. On en reviendra toujours à la question des sanctions et à leur efficacité. Ségolène Royal n'y répond pas ; mais de son point de vue, s'opposer, dès le départ, à toute aide à l'Iran est la politique la moins aléatoire pour bloquer l'accès à l'enrichissement de l'uranium et pour éviter, demain, l'acquisition de la bombe.

Cela semble logique. Mais s'agit-il d'un *ordre juste* ? Pourquoi interdire le nucléaire militaire à l'Iran ? En 1945, après Hiroshima, tout Russe souhaitait voir l'U.R.S.S. posséder la bombe atomique ? Ceux qui, en France, s'opposaient à Charles de Gaulle, dans sa volonté de maîtriser le nucléaire militaire, c'étaient d'une part les communistes prosoviétiques, d'autre part les membres des partis de droite ou de la S.F.I.O., atlantistes estimant suffisant de se placer sous le parapluie américain. Par la suite, existait-il un Chinois, puis un Indien, puis un Pakistanais, qui ne désirait voir son pays accéder au nucléaire militaire ? Existe-t-il un Israélien qui ne soit satisfait qu'Israël détienne la bombe ? Pourquoi pas l'Iran ?

Les dirigeants iraniens éprouvent un sentiment d'encerclement. Les Etats-Unis exercent une influence sur tous les Etats qui entourent leur pays et disposent de nombreuses bases militaires dans le Moyen-Orient. Les dirigeants iraniens craignent les islamistes pakistanais sunnites dont ils ne sont pas sûrs qu'ils ne soient pas en mesure de s'emparer du pouvoir au Pakistan. Pourquoi leur interdire ce qui est permis à d'autres ? A cause de la nature du régime qui peut devenir très menaçant pour les pays plus ou moins proches ? Est-ce la nature d'un régime qui lui confère ou lui enlève certains droits ? Qui est autorisé à porter un jugement ? Les grandes puissances ?

Par ailleurs sur le plan diplomatique il me semble nécessaire de considérer autrement qu'on ne le fait souvent l'orientation de la politique iranienne. L'Iran vise le leadership du Moyen-Orient. Les menaces proférées par le président Mahmoud Ahmadinejad sont tout à fait condamnables, le négationnisme affiché est absolument odieux. En fait il s'adresse moins à Israël et aux pays occidentaux qu'à la rue arabe. A une certaine époque, il suffisait d'un petit discours passionné de Nasser pour enflammer la rue arabe. Mais les Iraniens sont des Perses indo-européens non des Arabes sémites, des chiites non des sunnites. Pour arriver à séduire la rue sunnite et s'assurer un rôle de premier plan au Moyen-Orient, le président iranien croit nécessaire de tenir des discours violents ? Cela est inacceptable.

Mais encore une fois qu'est-ce qu'un ordre international juste ? Si nous insistons sur le cas de l'Iran, c'est parce qu'il s'agit d'un exemple qui montre un aspect contradictoire des propos tenus par Ségolène Royal. Son discours sur l'Iran est logique mais injuste. L'ordre juste ne se ramène pas sur le plan international à l'ordre des grandes puissances, c'est-à-dire au désordre institutionnalisé. La prolifération nucléaire doit être interdite. Mais si l'on se situe sur le plan des valeurs et qu'on préconise un ordre juste, le seul discours à tenir me paraît être le suivant : Non au nucléaire militaire pour l'Iran (et non au nucléaire civil dans l'immédiat, puisque la maîtrise du civil facilite celle du militaire), et destruction de l'arsenal nucléaire militaire de tous les Etats. On ne peut pas dire non à l'Iran et maintenir le « statu quo ». Cela ne veut pas dire que l'humanité doive renoncer au nucléaire militaire : vouloir un « ordre juste », c'est supprimer l'armement nucléaire de tous les pays et le placer sous le contrôle strict du Secrétaire général de l'ONU et du Conseil de Sécurité. Nous parlons bien du nucléaire non de l'armement classique. La dissuasion nucléaire s'impose. Il faut, en effet, être prêt à s'opposer à toute puissance qui essaierait d'échapper à un contrôle rigoureux de son désarmement ou qui, ne possédant pas la bombe, essaierait de la fabriquer en secret. Dès qu'un contrôle général commencerait à s'exercer, tout pays (par conséquent l'Iran) pourrait se doter de la technologie nucléaire civile. Si l'on estime que la politique est la médiation de l'éthique dans la société, comme c'est le cas, me semble-t-il, pour Ségolène Royal, et comme c'était le cas pour Jean Jaurès, il faut poser les mêmes principes et préconiser les mêmes valeurs, que l'on se situe à l'intérieur de la nation ou sur le plan international.

Autre critique relative à l'idée d'ordre international juste, autre exemple : l'Afghanistan. Au cours de l'émission «Grand Jury RTL – Le Figaro – LCI «du 11 octobre 2009, Ségolène Royal déclare : «La guerre en Afghanistan doit être gagnée et elle le sera». Elle précise par ailleurs que cette guerre prépare la paix et qu'il faut tout faire pour la gagner et éradiquer les bases du terrorisme.

Si l'on se situe sur le plan politique ou géopolitique, l'on ne peut que s'étonner de telles affirmations. Beaucoup de spécialistes parlent d'enlisement ou d'impasse. Une paix peut-elle intervenir si les objectifs des Américains et des Pakistanais divergent ? Ces derniers continueront à aider les talibans, par le biais des services secrets principalement pour en faire des alliés, estimant pouvoir ainsi se renforcer face à l'Inde et en même temps éviter que soit posé le problème de la ligne Durand qui sépare en deux l'ethnie pachtoune. Cette ligne tracée en 1893 par les Anglais pour déterminer la frontière entre l'Afghanistan et l'empire des Indes, qui comprenait à l'époque l'Inde et le Pakistan, n'est reconnue par aucun Afghan. Les Américains et leurs alliés de l'OTAN veulent éliminer les terroristes d'Al-Qaida, alors que ceux-ci sont établis dans la zone pachtoune du Pakistan. Par ailleurs comment les Américains et leurs alliés peuvent-ils croire que l'on réussira à conquérir «les esprits et les cœurs» grâce à une armée ? Et les Afghans, victimes de cette guerre, ne considèrent-ils pas depuis longtemps les soldats de l'OTAN comme des envahisseurs ?

Si l'on se situe sur le plan moral en préconisant l'instauration d'un ordre international juste, les déclarations de Ségolène Royal relatives à la guerre menée en Afghanistan paraissent encore plus surprenantes. L'intervention militaire en Afghanistan était légitime : elle a été décidée par l'ONU, à la suite des attentats commis en septembre 2001 sur le sol américain et revendiqués par Ben-Laden. Mais dès l'automne 2001 les talibans étaient en déroute et le mouvement Al-Qaida se réfugiait dans la région pachtoune pakistanaise. A partir du moment où les membres d'Al-Qaida ne se trouvaient plus en Afghanistan, il n'y avait plus de justification à la présence de troupes étrangères sur ce territoire. En tout cas trois ans plus tard, après le 9 octobre 2004, date de l'élection à la présidence d'Hamid Karzaï, quel que soit le jugement que l'on pouvait porter sur sa légitimité et sur ses capacités à pacifier le pays.

Par ailleurs peut-on prétendre moralement aider un peuple en assurant son développement économique et social, en continuant à mener une guerre sur son territoire ? Quant aux talibans on ne peut pas les confondre avec Al-Qaida et les considérer comme des terroristes, quel que soit le jugement que l'on peut porter sur les moyens qu'ils utilisent pour atteindre leur but. Ils estiment, eux, qu'ils sont des combattants de la liberté et qu'ils mènent une guerre de libération nationale.

Interrogeons-nous rapidement sur la nature du terrorisme. Nous appelons terrorisme toute forme d'action politique qui cherche à s'accomplir au moyen de la violence physique aveugle ou même d'une violence sélective, si celle-ci n'est pas légitimée par la nécessité de résister à une agression étrangère.

Cette définition pose d'emblée comme critère essentiel de reconnaissance du terrorisme les méthodes utilisées plutôt que les objectifs visés : est terroriste celui qui recourt à la violence physique aveugle ou à une violence sélective, que l'on ne justifie pas par le besoin de lutter contre une occupation. Elle peut s'appliquer à l'action aussi bien de groupements clandestins que d'Etats : le terrorisme est une arme dont se servent aussi bien les faibles que les puissants. Elle permet de spécifier les caractéristiques d'un mouvement de résistance, lequel se transforme en mouvement terroriste, dès lors qu'il bascule dans la violence aveugle, lequel se différencie d'un groupement qui pratique une violence sélective ou « ciblée » non pour la sauvegarde de l'identité nationale mais pour des raisons idéologiques. Des groupes, tels que Les Brigades rouges en Italie, Action directe en France et la Fraction Armée rouge en Allemagne, pouvaient être qualifiées de terroristes, même quand ils ne s'attaquaient qu'à une cible précise. Les membres d'Al-Qaida sont des terroristes puisque leur objectif est de réaliser des attentats aux Etats-Unis, en Europe, c'est-à-dire dans des pays qu'ils considèrent comme des ennemis. Les talibans, eux, se battent chez eux, en Afghanistan. On peut condamner les méthodes qu'ils utilisent, mais il faut reconnaître qu'ils justifient le recours à la violence par la nécessité de lutter contre une occupation étrangère. Les Afghans se sont battus contre les Anglais, contre les Soviétiques ; aujourd'hui certains se battent contre les Occidentaux et les troupes de l'OTAN. Il ne s'agit pas, si l'on se situe sur le plan moral, de prendre parti pour une ethnie ou un clan quelconque. On peut vouloir œuvrer pour le développement d'un pays, y établir un régime démocratique et favoriser l'émancipation des femmes, sans pour autant chercher à imposer ses volontés par la force, en maintenant dans ce pays une armée et en faisant dans la population civile de nombreuses victimes qui ne pouvaient pas se protéger contre les attaques de drones ou d'autres engins militaires dévastateurs. Aux Afghans de rechercher les voies de la pacification de leur pays et de décider de leur avenir.

4. Social-démocratie ou nouveau modèle de socialisme : le royaljaurèsisme est-il concevable ?

Le capitalisme est un système extrêmement dynamique. Les progrès qu'il a apportés sont incontestables. Sa visée fondamentale, c'est le succès. Comment pourrait-il prendre en compte la personne et avoir le souci de son épanouissement ? Le capitalisme se définit essentiellement par son impersonnalisme, résultant d'un productivisme quantitatif lié à une rationalité instrumentale. Le tournant décisif qui marque son avènement, c'est l'orientation prise d'être indifférent aux qualités sensibles du réel et de privilégier l'universalité abstraite ; la science « galiléenne » conduit au développement d'une technologie productive. La recherche rationnelle du profit repose sur la nécessité d'une dépendance impersonnelle. Une grande part de ce qu'il y a de plus vivant dans l'individu, sa force de travail, celle qui contribue à créer la valeur, est achetée comme on achète une marchandise. La société capitaliste est, en fait, une société au sein de laquelle les rapports sont tels qu'on fournit à des individus ce qui leur est nécessaire pour se procurer des biens et des services susceptibles de leur permettre d'utiliser leur force de travail en vue de la production de biens et de services dont la finalité est déterminée non par eux mais par ceux qui leur donnent de quoi acheter ces biens et ces services. Le salariat marque l'impersonnalisme du système.

S'il rejette le matérialisme marxiste et pense nécessaire de réviser le *Manifeste*, Jaurès proclame son accord total avec les analyses du *Capital* et la théorie de la valeur que propose Marx. Pour lui, les injustices économiques et sociales sont liées à la structure économique de la propriété capitaliste, et *Le Capital* nous aide à comprendre les raisons de l'aliénation humaine et de l'exploitation des travailleurs. Le salarié est aliéné, il est en quelque sorte séparé de son essence, car il demeure étranger à son œuvre ; c'est un autre qui donne un sens à ce qu'il fait. Le salarié est exploité, car la marchandise qu'il produit comprend une part de travail non payé, qui constitue le profit capitaliste.

Dans une Conférence, restée célèbre, faite le 10 février 1900 sous les auspices du Groupe des Etudiants collectivistes de Paris[1], Jaurès précise pour son auditoire, dans un langage limpide, ce qu'est l'exploitation et prend parti contre Bernstein dans la controverse qui l'opposait à Kautsky, à propos des principes et de la méthode du socialisme. « J'ai déjà exposé ici, il y a quelques années, déclare-t-il, la théorie fondamentale de la valeur et du surtravail selon Marx. Vous savez que les objets créés par la production capitaliste, deviennent, dans le mécanisme social, valeur d'échange et que la valeur respective des produits est mesurée par la quantité de travail humain qui est socialement nécessaire pour la production de ces marchandises. Ce sont les quantités de travail humain normalement incorporées dans les produits, qui déterminent le rapport d'échange de ces produits, et si le capitaliste réalise un profit, c'est parce qu'il ne donne aux salariés, sous forme de salaire, qu'une partie de la valeur du travail incorporée par eux à ce produit. Le capitaliste retient une partie du travail incorporé par le salarié, par le travailleur, à la marchandise, et c'est ce surtravail qui est le principe même du profit capitaliste[2]. »

Jaurès s'affirme ainsi anticapitaliste et rejette la thèse de Bernstein, qui est « que l'ouvrier peut largement améliorer sa condition sans porter atteinte au fonctionnement du système capitaliste » et « que le développement de la force ouvrière peut se concilier, dans le régime capitaliste, avec l'intérêt même du capital[3] ».

---

1. Jean Jaurès, « Bernstein et l'évolution de la méthode socialiste », in *Œuvres de Jean Jaurès*, Tome VI *Etudes socialistes* (II, 1897-1901), p.117-140, Editions Histoire et Politique, Toulouse, 1995, réimpression de l'édition de 1931 des textes rassemblés, présentés et annotés par Max Bonnafous, Paris, Les Editions Rieder.

2. *Ibid.*, p. 121.

3. *Ibid.*, p. 122.

Anticapitaliste, Jaurès était-il un révolutionnaire ou plutôt un réformiste ? Comme il préconisait une révision du *Manifeste* et rejetait les méthodes marxistes approuvées par Jules Guesde, il a été considéré comme étant un réformiste. Il est vrai qu'il approuvait parfois certaines mesures proposées par des centristes, des radicaux-socialistes, et surtout le socialisme, qu'il préconisait, était fortement empreint des valeurs démocratiques. Mais il définissait le socialisme comme étant révolutionnaire. Au cours de cette conférence sur « Bernstein et l'évolution de la méthode socialiste », il pose la question de savoir si le socialisme est une force révolutionnaire. « Eh bien il me semble, déclare-t-il[4], que la question ne peut même pas se poser ; le socialisme est nécessairement révolutionnaire ; il l'est parce qu'il veut substituer un système de propriété à un autre système de propriété ; il l'est, parce qu'il ne peut réaliser cette transformation qu'au moyen de la classe opprimée, et que, lorsque dans une société fondée sur la propriété individuelle et capitaliste, une idée, une doctrine, un parti sont obligés de faire appel à ceux qui n'ont par définition, aucune propriété, ils font appel à la force essentielle de négation, de révolution, que cette société porte en elle ; et on peut dire que c'est par définition que le socialisme est révolutionnaire. » A la vérité, l'on pourrait caractériser la doctrine de Jaurès comme étant un réformisme offensif orienté vers une révolution pacifique, une révolution véritablement démocratique.

Il y a totale incompatibilité entre le système capitaliste et le personnalisme humanitariste jaurèsien. Le capitalisme ne peut pas s'intéresser à la personne. Ce qui la caractérise, c'est la recherche rationnelle du profit, répétons-le, et sans doute plus fondamentalement la nécessité d'une dépendance impersonnelle. Il est dans sa nature même de rejeter absolument cet impératif pratique tel qu'il se trouve formulé dans la célèbre maxime de Kant : « Agis de telle sorte que tu traites l'humanité aussi bien dans ta personne que dans la personne de tout autre toujours en

---

4. *Ibid.*, p. 133.

même temps comme une fin, et jamais simplement comme un moyen.» Si la personne est considérée comme une fin en soi et non comme un instrument, cela signifie qu'on lui reconnaît le droit d'être l'auteur de la loi à laquelle elle obéit, comme le voulait Kant, qu'on lui accorde la liberté de concevoir l'œuvre qu'elle est appelée à exécuter ou de participer à sa conception. Cela est tout à fait contraire à l'esprit même du capitalisme.

Depuis qu'a éclaté, en 2008, la crise financière et économique, beaucoup de commentateurs et d'hommes politiques insistent sur la nécessité de moraliser le capitalisme. C'est s'illusionner, à mon avis, que de croire à la possibilité d'une moralisation du système. Le capitalisme ne peut pas tenir compte de la valeur et de la dignité de la personne humaine. Il n'est ni moral ni immoral, c'est un système socio-économique, un mode de production. Il ne faut pas confondre morale ou éthique et une tentative de modification de l'art du management. Introduire l'éthique dans l'entreprise, l'éthique dans le commerce, lier l'éthique à l'économie, ce sont là des thèmes qui donnent lieu à de belles dissertations ou à des discours conduisant à la mise en œuvre de pratiques mystificatrices. On peut penser, aujourd'hui, l'économie en se servant des catégories de légalité et d'illégalité, mais pas de celles du bien et du mal. Volontiers nous reprendrons cette remarque amusante du sociologue Lucien Goldmann : «Pour le dire clairement : l'activité économique dans une société produisant pour le marché ne peut pas plus être "morale" ou "immorale", "pécheresse" ou "chrétienne" qu'une odeur ne saurait être ronde ou carrée, une couleur sentir bon ou mauvais[5].» La visée fondamentale du capitalisme, c'est le succès. Comment pourrait-elle prendre en compte la personne et avoir le souci de son épanouissement ? Le capitalisme, répétons-le, se définit essentiellement par son impersonnalisme,

5. L. Goldmann, «La philosophie des Lumières», in *Structures mentales et création culturelle*, Editions Anthropos, Paris, 1970, p. 82.

résultant d'un productivisme quantitatif lié à une rationalité instrumentale.

Comment nommer le système qui remplacera, un jour, le capitalisme ? Socialisme ? On peut en discuter ; ce qui importe, c'est moins le mot que la réalité qui cherche à s'exprimer. Qu'est-ce donc que le socialisme ? Le *Vocabulaire technique et critique de la philosophie* de Lalande le définit ainsi : « Se dit de toute doctrine suivant laquelle on ne peut compter sur le libre jeu des initiatives et des intérêts individuels, en matière économique, pour assurer un ordre social satisfaisant, et qui juge possible et désirable de substituer à l'organisation « libérale » une organisation concertée, aboutissant à des résultats non seulement plus équitables, mais plus favorables au plein développement de la personne humaine ».

Cette définition ne revêt aucun caractère polémique, ni dans un sens ni dans l'autre ; c'est, et de très loin, à mon avis, la meilleure définition donnée du socialisme. Les principaux éléments qu'elle comporte sont les suivants : refus du libre jeu des initiatives et des intérêts individuels, organisation concertée, équité, développement de la personne humaine. *Refus du libre jeu des initiatives et des intérêts individuels*, ce qui signifie nécessité d'une intervention de la collectivité, en matière économique ; *organisation concertée*, ce qui suppose dialogue entre les acteurs socio-économiques et planification ; *équité*, ce qui implique la volonté de rechercher la plus grande justice ; *développement de la personne humaine*, ce qui veut dire que le but ultime poursuivi, ce n'est pas uniquement l'essor du groupe, mais principalement le bonheur et l'épanouissement de l'être humain, considéré dans sa singularité propre.

Ce n'est pourtant qu'une définition. Qu'en est-il du socialisme dans la réalité ? Inutile, évidemment, de préciser qu'il existe une très grande variété de socialismes, que l'on prenne en considération les écrits des penseurs qui se sont proclamés socialistes, que l'on observe les actions des groupements ou partis socialistes ou qu'enfin l'on examine les modes d'organisation et les politiques des Etats socialistes d'hier ou d'aujourd'hui.

C'est sur les barricades, à Paris, en juillet 1830, que le mot semble avoir été prononcé pour la première fois en public. Il sera vite repris et de plus en plus souvent aussi bien en France qu'en Angleterre, puis dans les autres pays occidentaux et peu à peu dans le monde entier, dans des articles et des ouvrages, par des mouvements à caractère social ou politique.

Ce que révèle une histoire génétique du mot et mieux encore l'histoire du développement du mouvement socialiste au XIXe siècle, c'est que le socialisme est d'abord et avant tout une exigence de démocratie. En France tout particulièrement, le socialisme apparaît dans la lignée de Jean Jaurès comme étant, pour reprendre l'expression de l'historien Ernest Labrousse, « un maximalisme de la république[6] ». C'est dans le dernier tiers du XIXe siècle que s'instaure une dichotomie entre une république bourgeoise et une république sociale, seule capable d'offrir à tous les moyens de la liberté et de faire aboutir leurs aspirations à la justice.

Comment évolue le socialisme au XXe siècle ? Inutile d'en parler ; c'est une histoire archi-connue. Essor du mouvement syndical et des partis socialistes en Europe occidentale, révolutions socialistes à l'issue de la première guerre mondiale, avortées en Allemagne et en Hongrie, mais s'imposant en Russie, le Front populaire en France en 1936, l'instauration des démocraties populaires en Europe de l'Est et en Tchécoslovaquie après la seconde guerre mondiale, le succès de la « Longue Marche » en Chine, la victoire du castrisme en 1959, la Social-démocratie triomphante de la Suède, les victoires successives du parti travailliste anglais, Mai 81 en France. Les événements, évidem-

6. Cf. E. Labrousse, Article « Socialisme » in *Encyclopaedia Universalis* ; cf. également « La montée du socialisme », *La revue socialiste*, mai 1946.

ment, pendant des décennies, se sont, pour ainsi dire, engouffrés dans des voies bien différentes et peut-être opposées.

La démocratie s'est-elle épanouie là où le socialisme a semblé triompher ? Certes non. Le socialisme de Lénine et des bolcheviks a échoué, celui de Staline a échoué, celui de Mao Tsé-Toung a échoué. Cela signifie-t-il que le socialisme est définitivement disqualifié et que ce système ne peut valablement être mis en œuvre et réussir ? Seul l'avenir le dira. On peut penser qu'aucune société ne peut faire l'économie de ce mode de production qu'est le capitalisme (que le capital soit privé ou public) et que le socialisme comme nouveauté radicale ne peut surgir qu'au sein d'une société caractérisée par l'existence d'un système capitaliste extrêmement développé. Il a fallu de deux à trois siècles pour passer du système féodal au capitalisme. Combien de temps faudra-t-il pour que le capitalisme disparaisse au profit du socialisme ? En attendant, il convient d'élaborer un modèle adapté à la situation française ou européenne actuelle et susceptible d'être mis en œuvre pour permettre l'avènement du socialisme.

Si l'on se situe dans la lignée de Jaurès, quel modèle peut-on préconiser ? Sans s'être déclarée social-démocrate, Ségolène Royal a souvent exprimé sa sympathie pour le modèle suédois. A mon avis, il est illusoire de penser qu'un tel modèle puisse être applicable en France. Cela pour deux raisons, l'une d'ordre historico-politique, l'autre d'ordre sociologique.

On peut, tout d'abord, s'interroger sur le caractère socialiste de la social-démocratie, dans la mesure où celle-ci s'est orientée vers des positions marquant une rupture avec le socialisme du XIXe siècle et de la première moitié du XXe. Le programme bien connu et souvent cité de Bad Godesberg, élaboré par le S.P.D. allemand en 1959, ne proclame-t-il pas solennellement : « La concurrence libre et la libre initiative des entrepreneurs sont des éléments importants de la politique économique social-démocrate », étant entendu que « la propriété privée des moyens de production a le droit d'être protégée et encouragée dans la mesure où elle n'empêche pas la création d'un ordre social juste ».

Certains commentateurs de la vie politique, des membres du Parti Socialiste, eux-mêmes, et beaucoup de sympathisants regrettent que le P.S. n'ait pas suivi l'exemple allemand. En fait ce parti a toujours été tiraillé entre une aile droite s'affirmant social-démocrate et une aile gauche adoptant plutôt une position antilibérale, la majorité montrant généralement une certaine indécision. Les gouvernements socialistes depuis 1983 ont pratiqué une gestion social-démocrate du système capitaliste, sans vouloir jamais théoriser leur pratique. Il est vrai que cela leur est difficile, car il n'est pas sûr que les militants auraient, en majorité, approuvé leurs dirigeants. Ceux-ci, après 1983, n'ont cessé de répéter que la nouvelle politique n'était que provisoire. Pendant longtemps, le silence a prévalu; la réflexion théorique se poursuivait peut-être... Plus que la Déclaration de principe de 2008, le Projet en cours d'élaboration en vue de l'élection présidentielle de 2012 nous éclairera sans doute.

Cela m'amène à la raison d'ordre historico-politique, évoquée précédemment. Quand on pense Politique et qu'on pense France, il faut penser : Révolutions de 1789, de 1830 et de 1848, Commune de Paris de 1871, Front populaire de 1936, Mouvement de mai 1968; il faut penser à une histoire, des traditions.

Il faut également penser à une certaine structure de la société, à des modalités particulières de l'évolution de la lutte des classes? En France, l'antagonisme entre les classes a toujours été net. Il n'en est pas de même partout. En Suède, par exemple, les patrons, les bourgeois, se sentent relativement proches des autres; les groupes sociaux recherchent volontiers le consensus : il s'agit d'un pays caractérisé par une certaine intégration, au sens durkheimien du terme, les groupes sociaux se sentant assez solidaires les uns des autres. En France, il en est tout autrement : le patronat et les mouvements ouvriers se perçoivent comme adversaires. La social-démocratie, dès lors, peine à s'affirmer sur le plan doctrinal.

Il convient, par ailleurs, de remarquer qu'en Europe la social-démocratie est en crise, étant entendu qu'ailleurs il n'en est même pas question. L'effondrement du système soviétique n'a pas entraîné seulement la disparition d'un certain modèle de socialisme, c'est-à-dire la fin du communisme. La social-démocratie, elle-même, est entrée en agonie. Comme le disent certains, depuis la chute du mur de Berlin, les riches n'ont plus peur. La social-démocratie a prospéré au XXe siècle, dans la mesure où les dirigeants capitalistes, par peur du communisme et devant l'ampleur de certains mouvements revendicatifs, ont accepté des compromis importants. Ils sont moins décidés à le faire maintenant : « ils n'ont plus peur ». La bourgeoisie française a eu peur en 1936, elle a eu peur en 1945, elle a eu peur en mai 1968, elle a eu peur en mai 1981. La bourgeoisie suédoise, elle, n'a peut-être jamais eu peur : le patronat, d'un côté, les partis et syndicats ouvriers de l'autre, ont recherché l'entente et peuvent peut-être toujours y parvenir. Ailleurs, en Europe, la social-démocratie, comme on a pu le dire, semble évoluer vers le social-libéralisme.

Comment rester fidèle à Jaurès aujourd'hui ? Faisons tout d'abord remarquer que Jean Jaurès s'est toujours affirmé socialiste. Il a protesté contre ce qu'il considérait comme une légende et qui consistait à vouloir faire de lui un « centre gauche » converti au socialisme. « Je n'ai donc point à m'excuser de m'être efforcé sans cesse vers la vérité, écrit-il, et de m'y efforcer encore. Mais j'ai le droit de dire que depuis que je suis dans la vie publique, la direction essentielle de ma pensée et de mon effort a toujours été la même. J'ai toujours été un républicain, et toujours été un socialiste : c'est toujours la République sociale, la République du travail organisé et souverain, qui a été mon idéal. Et c'est pour elle que dès le premier jour, avec mes inexpériences et mes ignorances, j'ai combattu. De cette continuité la série des discours que j'ai prononcés au Parlement témoigne d'une façon décisive; la série des articles que j'ai publiés en témoignerait dans un détail plus précis encore[7]. » Et il ajoutait un peu plus

7. Jean Jaurès, *Préface aux discours parlementaires*, Collection Ressources, Slatkine, Paris-Genève, 1980 (réimpression de l'édition de Paris E. Cornély, 1904), p. 3.

loin : «Ainsi je peux parcourir de nouveau en pensée la ligne que j'ai suivie depuis vingt ans sans m'y heurter à mes propres contradictions. Elle est accidentée comme le terrain lui-même, tantôt escarpée et directe comme pour un assaut, tantôt côtoyant l'abîme, tantôt sinueuse et d'apparence aisée ; mais toujours elle va vers le même but : elle est orientée vers la même lumière du socialisme grandissant[8]. »

Ségolène Royal se situe dans la lignée de Jean Jaurès. Elle reprend volontiers ses thèmes, les valeurs qu'il préconise, son idéal moral. Mais comment l'ordre juste s'incarne-t-il matériellement ? Citons à nouveau Jaurès et reprenons cet important passage de *La question religieuse et le socialisme* : «Nous ne sommes pas des pessimistes et des misanthropes ; nous ne nions pas ce qu'il y a de bon dès aujourd'hui dans les âmes humaines et dans les sociétés humaines. Si nous pensions que l'homme est radicalement mauvais, et que la conscience humaine est définitivement impuissante, nous désespérerions de l'amour, et nous n'adhérerions pas au socialisme qui est une espérance. Nous recueillons au contraire avec joie tous les témoignages de bonté et de grandeur que donne l'âme humaine, et nous en concluons que cette noble conscience de l'homme, qui a su créer l'idéal humain, ne pourra pas s'accommoder longtemps encore d'un régime économique qui est la négation quotidienne de cet idéal. Seulement nous ne croyons pas que la conscience morale de l'humanité soit assez forte aujourd'hui pour réaliser d'elle-même, sans la pression des forces extérieures, les transformations sociales exigées par la justice. Il n'y eut dans l'histoire aucune grande révolution morale qui n'ait été secondée par une sorte de révolution matérielle, je veux dire par un soulèvement des intérêts opprimés... La noblesse morale de la révolution française n'a abouti que parce que les souffrances du paysan enfin révolté conspiraient avec elle. De même aujourd'hui, malgré toutes les puissances bonnes qui sont comme recueillies

8. *Ibidi.*, p. 5.

dans les âmes humaines, le socialisme, qui est un renouvellement de l'idéal moral, n'aboutira que parce que tous ceux qui souffrent de l'ordre social actuel sont en voie de se liguer et de s'organiser... Il y a avant tout dans le socialisme un esprit, une conscience, un besoin supérieur de moralité et de perfection humaine, mais parce que les puissances d'égoïsme et de haine ne sont point restées enfermées dans les âmes, parce qu'elles ont agi sur les intérêts, parce qu'elles ont façonné la société à leur usage, il faut bien que dans le mouvement socialiste la Révolution morale se traduise par une révolution des intérêts. Le socialisme peut être défini : une Révolution morale qui doit être servie et exprimée par une révolution matérielle[9]. »

La social-démocratie ne correspond pas à l'idéal jaurèsien. Liée à un processus économique (partage de la plus-value entre salaires et profits), fondée sur le compromis entre les salariés et les propriétaires des moyens de production, guidée par le souci de permettre à l'État de garantir la sécurité des individus contre les fluctuations et les cycles économiques, la social-démocratie traditionnelle se caractérise essentiellement par la présence du monde du travail dans ses structures et par l'importance de la liaison organique entre partis et syndicats. Les contextes nationaux peuvent être différents, un point commun demeure : l'institutionnalisation des luttes ouvrières et la représentation politique du monde du travail dans l'État qui, certes, doit être un Etat démocratique, mais qui doit devenir un « Etat social ». Il existe un autre courant que l'on peut qualifier de « néo social-démocratie » et qui souhaite non pas lier organiquement parti et syndicats ou institutionnaliser les luttes ouvrières. L'objectif semble plutôt d'établir un lien avec les multiples mouvements sociaux intervenant à la base sur les divers terrains de lutte. La néo social-démocratie croit à l'éclatement du social et invite les citoyens à prendre leurs affaires en mains. Ce courant vise une modification des structures de la société. Mais il s'agit moins des structures

9. *Op. cit.*, p. 30-31.

économiques fondamentales que des structures sur lesquelles les individus peuvent avoir prise, par exemple extension du tiers secteur (coopératives, mutuelles, associations...) : le cœur du système est conservé à cause de l'importance reconnue au marché. Les bouleversements envisagés doivent atteindre plutôt le fonctionnement de la « société civile » : dynamisation de la vie sociale, organisation des quartiers et de la ville, maîtrise de l'environnement immédiat. C'est sans doute pour cela que ce socialisme a été qualifié par des adversaires de ce courant comme étant un « socialisme à visage urbain », expression, on le voit, ironique et même de nature polémique.

Le souci fondamental de Jaurès était « de rattacher le socialisme à la République, de compléter la démocratie politique par la démocratie sociale[10] » Pour cela il faut, à son avis, s'attaquer au cœur du système. On ne peut pas, selon lui, s'accommoder d'un régime économique qui se révèle en permanence comme étant la négation de l'idéal humain. Même s'il avait élaboré une doctrine philosophique fort éloignée de celle de Marx et située plutôt à l'intérieur d'une certaine tradition philosophique française allant de Maine de Biran à Ravaisson, Lachelier et Boutroux, même s'il rejetait un grand nombre de concepts marxistes, il reconnaissait, répétons-le, le bien-fondé de la théorie de la valeur et donnait son accord aux analyses du *Capital*. S'il réclamait la suppression du régime capitaliste, c'est parce qu'il le considérait comme étant à l'origine de l'*exploitation* et de l'*aliénation*.

La nécessité de la rupture avec le capitalisme, proclamée au Congrès de Metz de 1979, n'est plus à l'ordre du jour. Le socialisme dans un seul pays, ce n'était pas possible, en 1981. Cela l'est encore moins à l'heure de la mondialisation. Il convient d'élaborer un modèle de socialisme pour l'Eurogroupe avec tous les partis de gauche et d'extrême gauche ouverts au dialogue, aussi bien ceux de France que ceux d'Allemagne, d'Italie, d'Espagne..., en attendant qu'il puisse être adopté

10. Jean Jaurès, *Préface aux discours parlementaires*, *op. cit.*, p. 4.

par l'ensemble de l'Union Européenne. Reprendre certaines mesures économiques et sociales appliquées en Suède, c'est une chose, vouloir imiter le modèle social-démocrate suédois, c'est s'engager dans une impasse. Le royaljaurèsisme est en germe ; il ne peut se concevoir que s'il se fonde sur une critique axée sur la nature même du capitalisme. Il ne suffit pas de dire : « le système capitaliste est dur, moralisons-le », ou « le système capitaliste est dangereux, contrôlons-le » ; il faut dire : « le système capitaliste est condamnable, remplaçons-le par le socialisme », étant entendu qu'il est le seul à permettre certains progrès actuellement et que le nouveau système socialiste demeurera longtemps un idéal très lointain. Mais il faut toujours avoir en vue cet idéal. Citons encore Jaurès : « S'il est faux que je sois passé du programme du centre gauche à la doctrine et au programme du socialisme, il est faux aussi que j'aie conseillé et pratiqué, de 1893 à 1898, une méthode de révolution grossière et d'intransigeante opposition, pour adopter ensuite un réformisme atténué et un rythme traînant d'évolution. Certes, dans l'effervescence des premiers grands succès socialistes de 1893, j'ai eu parfois l'illusion de la victoire entière toute prochaine et vraiment trop facile de notre idéal. Et dans le feu de la lutte contre les gouvernements de réaction systématique qui nous défiaient, qui nous menaçaient, qui prétendaient nous rejeter hors de la République, nous excommunier du droit commun de la vie nationale, j'ai fait appel aux véhémentes énergies du prolétariat, comme j'y ferais appel demain, si les pouvoirs constitués prétendaient interdire la libre évolution légale au collectivisme et à la classe ouvrière. Mais dans tous mes discours de cette époque orageuse, et dont je ressens encore avec fierté les âpres émotions, on retrouvera sans peine tous les traits de notre action politique socialiste d'aujourd'hui[11]. » Certes, en un siècle, le capitalisme a changé, les modalités de la lutte des classes aussi. Il convient de s'adapter sans se soucier de l'opinion d'adversaires qui parlent

11. *Ibid.*, p. 4.

d'archaïsme ; l'idéal jaurèsien demeure : la visée du socialisme, c'est une révolution morale servie et exprimée par une révolution matérielle ; la finalité de l'action militante, c'est de parvenir à une réelle démocratie économique, une vraie démocratie sociale et une authentique démocratie politique. Cet idéal doit être toujours présent à l'esprit pour que les politiques définies pour aujourd'hui soient convenablement éclairées et bien orientées. Le royaljaurèsisme n'est concevable que s'il s'attache à l'élaboration d'une théorie du moyen terme.

De 2007 à 2010 le réformisme de Ségolène Royal est devenu de plus en plus offensif. Est-il orienté vers une révolution ? Le pas ne semble pas être franchi. Elle ne s'affirme pas, comme Jaurès l'a fait, anticapitaliste. Rappelons ces paroles prononcées au Congrès de Toulouse de 1908 : « Nous disons que dans un Parti vraiment et profondément socialiste, l'esprit révolutionnaire réel est en proportion de l'action réformatrice efficace et que l'action réformatrice efficace est en proportion de la vigueur même de la pensée et de l'esprit révolutionnaires. Nous vous disons : Précisément parce que le Parti socialiste est un parti de révolution, précisément parce qu'il ne se borne pas à réformer et à pallier les pires abus du régime actuel, mais veut réformer en son principe et en son fond ce régime même, précisément parce qu'il veut abolir le salariat, résorber et supprimer tout le capitalisme, précisément parce qu'il est un parti essentiellement révolutionnaire, il est le parti le plus activement et le plus réellement réformateur[12]. »

Le projet de société de Ségolène Royal diffère de ceux des autres leaders du parti socialiste. Son originalité tient au fondement sur lequel il repose : l'éthique jaurèsienne. Mais si elle veut être totalement fidèle à Jaurès, elle doit, comme lui, proclamer que le socialisme est une révolution morale servie et exprimée par une révolution économique et sociale. Pour cela, il lui faut franchir certains obstacles qui ne peuvent que lui interdire le succès de son action.

---

12. Jean Jaurès, *L'esprit du socialisme*, *op. cit.*, p. 71.

Nous prendrons des exemples, d'inégale importance, relatifs à des éléments de son projet. Nous pourrons ainsi observer les limites actuelles du royaljaurèsisme. Choisissons-en trois : la sécurisation des parcours professionnels, la réforme du système financier, le rôle de l'Etat.

1. Sécurisation des parcours professionnels

La modernité du socialisme, pour Ségolène Royal[13], réside dans la correction des inégalités de naissance, dans le refus que l'hérédité sociale et l'argent commandent le destin des individus. Le projet du socialisme, ce qui constitue le centre de la promesse républicaine, c'est de rendre possible la réalisation des aspirations de chacun. La gauche, selon elle, ne peut se borner à revendiquer la stabilité de l'emploi. Elle doit assurer une tâche importante de formation, être en mesure d'accompagner les personnes et de sécuriser leur parcours professionnel[14]. Les entreprises pourront ainsi disposer de salariés productifs et bien formés. « Les pays nordiques, écrit Ségolène Royal, ont choisi la voie de la sécurisation des parcours professionnels et c'est ce qui explique en grande partie leur compétitivité[15]. »

Une question importante se pose : celle de la finalité du travail. C'est par son travail que l'individu peut devenir un être créateur et accomplir une tâche utile au bien de la société. Il ne suffit pas pourtant d'exercer une profession très qualifiée ou d'acquérir progressivement une grande compétence, grâce à un système bien organisé de formation permanente, pour être en mesure de réaliser une œuvre. Et si le travail est une activité socialement utile, sa finalité ne peut pas s'apprécier par le niveau de croissance économique, qu'il permet d'atteindre.

Prenons l'exemple de quelqu'un qui commence à travailler très jeune. Il décide un jour d'acquérir une formation. D'abord manœuvre, il devient ouvrier qualifié, puis petit technicien ;

---

13. Cf. *Maintenant, op. cit.*, p. 116.

14. *Si la gauche veut des idées, op. cit.*, p. 241.

15. *Ibid.*, p. 246.

il s'inscrit au Conservatoire National des Arts et Métiers et obtient au bout de longues années d'effort un diplôme d'ingénieur. Qu'est-ce qui empêchera qu'il soit corvéable à merci ? Ses chefs lui assigneront peut-être des objectifs difficiles à atteindre. Manœuvre, il portait des charges lourdes et travaillait dans le bruit, devenu ingénieur, l'anxiété le gagne et il se retrouve peu à peu au bord de la dépression nerveuse.

Ce n'est qu'un exemple. Il nous rappelle que dans la société capitaliste actuelle, le travail est vécu sous mode pathologique. Les conditions de travail ne sont pas mauvaises dans toutes les entreprises. Le salarié demeure, cependant, aliéné et exploité. En dehors des universitaires, des chercheurs, des éditorialistes ou responsables de rédaction des grands médias, des très hauts cadres du secteur privé ou des administrations publiques, en dehors des élus politiques, en dehors des membres de certaines professions libérales, quelle personne actuellement, en France, ne souhaite pas que le moment du départ à la retraite soit le plus rapproché possible, afin d'avoir une « deuxième » vie ? Les actifs pour la plupart, au moins ceux qui ont atteint la cinquantaine, espèrent ne pas se trouver dans l'obligation d'attendre longtemps pour cesser de travailler et pour « vivre enfin leur vie ».

La déshumanisation du travail apparaît flagrante. Dans son discours prononcé lors du Forum de l'Institut Edgar Quinet, en janvier 2008, Ségolène Royal déclare : « Il est vrai que la gauche a toujours voulu dépasser l'illusion d'une liberté formelle, qu'elle a toujours recherché l'émancipation. Cela reste donc l'objectif majeur : l'émancipation de chacun face à l'aliénation liée au manque d'éducation, au manque de travail, au manque de qualité de vie, au manque de salaires, au manque de culture. » Ne faut-il pas aller plus loin ? Il existe une forme d'aliénation plus profonde. Les travailleurs salariés, dont l'activité produit « la valeur », sont subordonnés à un pouvoir extérieur, sans aucune possibilité de maîtrise réelle de leurs œuvres : ils demeurent étrangers à ce qu'ils créent ; le sens de leur activité est déterminé par d'autres personnes qu'eux. C'est cela, en définitive, qui est le plus inacceptable.

Il va de soi qu'on ne peut qu'être favorable à la sécurisation des parcours professionnels. Il va de soi que l'urgence, dans l'immédiat, c'est de s'opposer aux injustices sociales, c'est d'élever le niveau de vie des travailleurs, c'est de combattre les inégalités, c'est d'améliorer les conditions de travail de l'ensemble des salariés. Mais être socialiste, c'est se donner pour idéal de lutter contre la division sociale du travail, condition nécessaire pour parvenir à une communauté humaine harmonieuse.

Pour comprendre la société et être en mesure de la transformer, il faut avoir recours aux concepts suivants :
– Division sociale du travail
– Lutte de classes (il y a classes parce qu'il y a lutte de classes, il y a lutte de classes parce qu'il y a division sociale du travail)
– Les concepts marxiens d'aliénation et d'exploitation
– Le concept durkheimien d'anomie (anomie sociale, anomie économique)[16]

---

16. Il n'est pas possible de s'étendre sur ce point, dans le cadre de ce travail. Arrêtons-nous rapidement sur ce concept d'« anomie économique », dont les sociologues ne tiennent pas assez compte, quand ils parlent de l'anomie, et qui permet de comprendre bien de phénomènes sociaux, par exemple l'évolution de la délinquance juvénile de 1950 à nos jours. Il est erroné de lier délinquance juvénile et destructuration familiale, délinquance juvénile et absence d'autorité paternelle, comme on le faisait souvent au siècle dernier, de lier délinquance et immigration, délinquance et origine culturelle, comme certains le font maintenant. Il me paraît également erroné de lier directement délinquance et chômage, délinquance et pauvreté. L'explication est socio-économique, mail il faut éviter de se placer à un niveau de trop grande généralité. Il vaut mieux avoir recours au concept durkheimien d'« anomie économique » : la hiérarchie des fonctions occupées dans la société et, par suite, des moyens dont on dispose demeure un fait, alors que la hiérarchie parallèle des besoins se révèle impossible à maintenir. Dans une société où tous les hommes sont dits égaux et où effectivement tout le monde a les mêmes aspirations, les jeunes issues des couches défavorisées de la population, en particulier dans les banlieues des grandes villes, dans les cités, n'ont pas, eux, la possibilité de réaliser leurs désirs. Ils ne disposent pas des moyens nécessaires à la satisfaction de leurs besoins : moyens matériels (argent), moyens institutionnels (diplômes). Comment manifester un quelconque intérêt pour ce qu'on a appelé le « modèle de gratification différée » ? Selon l'environnement social dans lequel ils se trouvent enserrés, ils s'adonneront au vol, à l'agression et à la violence, ou à d'autres types de délit. Sur ce sujet, nous nous permettons de renvoyer à notre ouvrage : *Délinquance juvénile et société anomique*, Ed. du C.N.R.S., Paris, 1971.

Le concept le plus important, celui qui pour ainsi dire commande tout, c'est celui de la division sociale du travail. Tout socialiste doit se fixer pour objectif ultime cette véritable révolution : *l'abolition de la division sociale du travail.* Seul peut être qualifié de révolutionnaire, c'est-à-dire susceptible de permettre à tout être humain d'accomplir un *travail créateur*, empreint d'une réelle dignité, l'idée, l'attitude ou le comportement mettant en cause la division du travail. Celle-ci ne correspond nullement à une loi éternelle. L'objectif de la révolution est justement de la supprimer, cette abolition entraînant alors la disparition des classes. On sait que Marx[17] rejette avec force la société qui impose à chacun une sphère d'activité exclusive et déterminée et que pour lui tout homme devrait pouvoir être à la fois chasseur, pêcheur, berger, philosophe «critique»... Rappelons que pour Jaurès l'idéal est de faire de l'humanité entière une élite. Pourquoi un partage des tâches ne pourrait-il pas s'instaurer dans la société ? Pourquoi les travaux manuels, les travaux de pure exécution en général, ne pourraient-ils pas être répartis entre tous ? Ne peut-on pas être à la fois intellectuel et manuel ?

Répondant à Alain Touraine au cours de l'échange qu'elle a eu avec lui sur la gauche, Ségolène Royal écrit : « Vous parlez de la confusion entre l'Etat et la société. Pour en sortir, je propose quatre révolutions démocratiques à accomplir pour que la France change vraiment d'époque : démocratie sociale, démocratie participative, démocratie représentative et démocratie territoriale[18]. » Pourquoi ne pas évoquer l'idée de la nécessaire révolution économique ? Le socialisme, nous l'avons dit et répété, en reprenant la définition de Jaurès, c'est une révolution morale servie et exprimée par une révolution économique et sociale. Certes la démocratie politique s'impose et Ségolène Royal fait bien d'insister sur la nécessité d'établir une articulation entre

---

17. Cf. *L'Idéologie allemande*, Editions Sociales, Paris, 1976, p. 32.

18. *Si la gauche veut des idées, op. cit.*, p. 195.

la démocratie représentative et la démocratie participative. Mais pourquoi ne pas mettre en avant la démocratie économique ?

Le vrai problème auquel le socialisme se trouve confronté, c'est celui de la constitution d'une nouvelle formation sociale ou d'un nouveau type de société, par conséquent celui de la mise en place d'un nouveau mode de production. Pour le désigner on peut parler d'autogestion ou de cogestion Capital *public* – Travail, ce qui n'a rien à voir, évidemment, avec la cogestion en régime capitaliste (Capital *privé* – Travail), et étant entendu que le capital public peut être national, régional ou communal. Cela signifie que l'organisation de la production est orientée vers l'autonomie des individus et des groupes et vers le maintien entre eux de la solidarité. Autogestion ou cogestion Travail – Capital public, cela sous-entend, certes, recherche de la plus grande rationalité possible de la production, cela suppose, évidemment, introduction de la démocratie dans l'organisation du travail, démocratie, c'est-à-dire affirmation de soi et esprit communautaire.

Autonomie veut dire initiative, capacité d'invention, responsabilité. Autonomie signifie volonté de contrôle de son travail et de son environnement social. Il ne s'agit pas de repli sur soi par rejet du système dominant, mais d'une part du refus d'une imitation stérile des modèles diffusés à partir des centres de domination, d'autre part de la valorisation des spécificités culturelles des groupes. Dans le domaine de l'organisation de la production, le temps du pouvoir absolu et de la structure pyramidale qu'il suppose n'est-il pas quelque peu dépassé ? Ce qu'il faut chercher à mettre en place, c'est une *organisation en réseau* laissant libre cours à la réflexion et à la possibilité d'une intervention créatrice de chacun, impliquant par le fait même le partage du pouvoir et même la répartition intégrale des responsabilités. Il faut briser les hiérarchies et placer les êtres humains dans une situation d'interdépendance.

Si l'on accepte d'examiner très rapidement la nature des rapports sociaux qui caractérisent l'évolution de l'humanité depuis quelques milliers d'années, peut-être admettra-t-on que l'on est passé d'une interdépendance infra-personnelle (société clanique), à une dépendance impersonnelle totale (société esclavagiste), puis à une dépendance personnelle (société féodale), enfin à une dépendance impersonnelle limitée (société capitaliste), dépendance impersonnelle distincte de celle de la société esclavagiste, dans la mesure où cette dépendance impersonnelle est instaurée dans le cadre d'un rapport juridique et tempérée, corrigée par un contrat garanti par la collectivité. Combien de décennies, de siècles faudra-t-il à l'humanité pour parvenir à une situation marquée par une interdépendance personnelle ?

Quant au terme de solidarité, il ne renvoie pas uniquement et forcément à l'idée de la participation aux dépenses sociales de la collectivité, en fonction de ses ressources. La solidarité ne se confond pas avec une réalité fiscale. Solidarité suppose redistribution ; solidarité signifie également liens et échanges entre les individus, étant entendu qu'il existe plusieurs niveaux de solidarité et que celle-ci varie en fonction de la proximité des individus à l'intérieur des groupes et des sociétés et de l'unicité des objectifs poursuivis en commun.

Le socialisme, le socialisme démocratique, on le voit, n'a rien à voir avec l'économie administrée, même s'il convient d'avoir recours à une certaine planification, au niveau national et régional. Par ailleurs le socialisme démocratique ne signifie nullement suppression du Marché. Personnellement, je n'ai jamais compris pourquoi les hommes politiques, les journalistes, les économistes eux-mêmes parlent du capitalisme et de l'économie de marché, comme s'il s'agissait de la même chose. Le marché a existé des siècles et des siècles avant l'apparition du capitalisme. Pourquoi ne subsisterait-il pas après sa disparition ? Dans une France socialiste l'on ne voit pas pourquoi il n'existerait pas une *concurrence* entre deux banques nationalisées, entre deux entreprises à capital public ou régional fabriquant des voitures électriques, l'une en Poitou-Charentes, par exemple, et une autre dans la région Champagne-Ardenne. Dans une Union fédérale européenne socialiste, l'on ne voit pas pourquoi il n'existerait pas une concurrence entre des entreprises automobiles publiques, par exemple Fiat – Italie, Renault – France et Volkswagen – Allemagne. Le maintien du secteur concurrentiel ne signifie pas nécessairement que le capitalisme subsiste.

Le célèbre historien, Fernand Braudel, qui a consacré une grande partie de sa vie à l'étude de l'histoire de l'économie occidentale[19] a toujours établi une différence très nette entre économie de marché et capitalisme. A propos de l'économie de marché il précise qu'elle mettra longtemps à organiser la production et à orienter la consommation, à partir de la masse énorme de la vie matérielle des habitants des villages et des villes. « Il y faudra, écrit-il[20], des siècles, sans doute, mais entre ces deux univers – la production où tout naît, la consommation où tout se détruit –, elle est la liaison, le moteur, la zone étroite mais vive d'où jaillissent les incitations, les forces vives, les nouveautés, les initiatives, les prises multiples de conscience, les croissances et même le progrès. » L'économie de marché, pour Braudel, est la condition préalable indispensable à l'apparition du capitalisme, et c'est au-dessus d'elle que le capitalisme s'est développé et a prospéré. Au-dessus d'elle, demain, le socialisme se développera et prospèrera.

2. Réforme du système financier

Depuis 2008 Ségolène Royal insiste sur la nécessité de réformer le système financier actuel. Citons quelques-unes de ces déclarations.

---

19. Fernand Braudel, *Civilisation matérielle, économie et capitalisme, XVe-XVIIIe siècles*, Ed. Armand Colin, Paris, 1979, Tome 1, *Les structures du quotidien : le possible et l'impossible* ; Tome 2, *Les jeux de l'échange* ; Tome 3, *Le temps du monde*. Une synthèse des recherches de Fernand Braudel dans le domaine de l'histoire de l'économie occidentale se trouve dans la présentation des grandes lignes de ces trois tomes, qu'il a faite lui-même : cf. F. Braudel, *La dynamique du capitalisme*, Ed. Flammarion, Paris, 1988.

20. Fernand Braudel, *La dynamique du capitalisme*, p. 22.

« Regardez cette crise qui ne peut aller qu'en s'aggravant. Il faut frapper le système financier, être sévère, très sévère pour l'obliger à se réformer... » (Entretiens avec Françoise Degois menés au cours de l'année 2008, *Femme Debout*, p. 255)

« Oui, la sphère financière s'est affranchie de l'économie réelle. Et je ne crois pas qu'il s'agisse d'une perversion du système, comme si nous ne faisions face qu'à un simple dysfonctionnement accidentel, ponctuel. »

« Le bon ordre des choses c'est : la finance au service de l'économie et non d'elle-même et l'économie au service du développement humain (bien-être) et durable. »(Discours sur la mondialisation prononcé, au Magaron d'Athènes, le 2 octobre 2008)

« La faillite de Wall Street et la crise financière mondiale ont entraîné la condamnation du libéralisme et ont fait place à des demandes que la gauche a toujours défendues : le besoin d'Etat, la demande de protection sociale, des règles financières réelles, la nécessité de mettre la finance au service de l'économie et l'économie au service du progrès humain. » (Discours prononcé à Athènes, lors de la Conférence sur « l'avenir des gauches en Europe », le 12 mai 2009)

« C'est dire l'importance du combat des socialistes qui veulent que la finance soit mise au service de l'économie, et non au service d'elle-même, et l'économie au service des travailleurs, et non au service d'elle-même. » (Discours prononcé devant l'Internationale Socialiste à Budva (Monténégro), le 29 juin 2009)

« D'une certaine manière, nous avons la chance de pouvoir prédire l'avenir : si nous réformons en profondeur le système bancaire, par exemple en séparant banques de dépôts et banques d'affaires, si nous plafonnons les bonus des traders, si nous imposons des limites à la rémunération sans bornes que prélèvent les actionnaires au détriment des salariés et de l'investissement dans l'entreprise, si nous faisons tout cela, alors nous pourrons regarder les générations futures avec la fierté du devoir accompli. » (Discours prononcé devant l'Internationale

Socialiste, réunie le 23 septembre 2009 dans l'enceinte des Nations Unies à New-York)

Par ailleurs, aussi bien à la radio qu'à la télévision Ségolène Royal, au cours de ces trois dernières années, a sans cesse fait part de sa volonté, si elle parvenait au pouvoir, de s'attaquer au capitalisme financier, de séparer, par exemple, les activités de prêt aux particuliers et aux entreprises des activités de placement spéculatif. En réponse à des journalistes elle a souvent dénoncé la toute-puissance du monde de la finance et regretté que se soit opérée une dissociation entre le capitalisme financier et ce qu'elle nomme, comme d'autres hommes politiques ou certains économistes, l'économie réelle.

Une question importante se pose. Peut-on vraiment arriver à transformer le système actuel ? N'est-ce pas une illusion de croire à la possibilité de contraindre le secteur financier à se réformer ? Je pense que c'est une illusion due à la non prise en compte de la nature même du secteur financier.

Laissons de côté toutes les critiques adressées aux traders, qui ne nous paraissent pas fondées. Il est bien facile de faire du trader un bouc émissaire. Les traders sont des salariés qui mettent leur intelligence et leur savoir au service des banquiers et des financiers. Certes, il ne s'agit pas de s'apitoyer sur leur sort. On leur demande de fabriquer des outils permettant de spéculer avec profit. Ils le font et reçoivent en retour beaucoup d'argent. Peut-on taxer leur activité d'immorale si, par ailleurs, l'on estime normal que le P.D.G. d'une entreprise de produits de beauté, d'un groupe du secteur de la métallurgie ou d'une usine fabriquant des pneumatiques..., gagne dix ou vingt fois plus, parce que, lui, il appartient au secteur de la production de biens, c'est-à-dire à la sphère de l'économie dite réelle ? Les traders n'exploitent personne, ils aident les banquiers et les financiers à bien asseoir leur pouvoir ; les chefs d'entreprise, eux, exploitent directement leurs salariés. Encore une fois, répétons-le, le capitalisme n'est ni moral ni immoral ; son objectif, c'est le profit.

La question est de savoir si l'on peut le réguler et de déterminer ce qui est légal.

Venons-en maintenant aux jugements portés sur les financiers. Il paraît injuste de les considérer comme des parasites. Il n'y a pas de capitalisme sans crédit, pas de capitalisme sans financiers. Il faut de l'argent pour faire fonctionner les entreprises qui produisent les biens et les services. Ajoutons qu'il a bien fallu des banques pour recueillir l'épargne et l'orienter vers les secteurs innovants, par exemple les chemins de fer, hier, les technologies nouvelles, aujourd'hui. L'on demande, par ailleurs, aux financiers d'inventer des instruments qui permettent de se couvrir contre les risques dus aux variations de change et de prix. Ils mettent en place un système complexe d'assurances et de réassurances, ce qui laisse libre cours à la spéculation. Peut-on assurer un contrôle réel de cette sphère financière ?

Cela semble difficile, car, en fait, les financiers sont devenus les maîtres de l'ensemble du système capitaliste. Il me paraît erroné de faire une distinction entre le secteur financier et l'économie réelle. Le secteur financier fait partie de l'économie réelle, puisqu'il en est le cerveau, la tête. L'on observe, depuis deux ou trois décennies, une tendance très nette de la finance à exercer un pouvoir de commandement sur l'ensemble du système économique ; la finance, c'est-à-dire les banques, les fonds de pension, les fonds d'investissement, les *hedges funds*...

Il n'en a pas toujours été ainsi. Les distributeurs de crédit n'ont pas toujours été les maîtres de l'économie. Les financiers ont essayé de s'assurer un pouvoir, à une certaine époque, dans les villes-Etats, Venise par exemple, ou Gênes, Florence, Amsterdam... Mais les négociants, les marchands, les grands commerçants d'autrefois possédaient eux-mêmes des capitaux. Ceux-ci étant à un certain moment devenus insuffisants il a fallu s'adresser aux banquiers et avoir recours à des lettres de crédit, des lettres de change. Peut-être peut-on dire qu'il y a eu un partage du pouvoir entre tous ceux qui possédaient de l'argent ? Plus tard, les capitaines d'industries, souvent à la tête d'affaires familiales, ont exercé un pouvoir réel, même si le rôle des banques se renforçait. Aujourd'hui le secteur financier domine l'ensemble de l'économie. L'on est passé d'un capitalisme entrepreneurial à un capitalisme managérial après la seconde guerre mondiale, puis à un capitalisme actionnarial vers la fin du XXe siècle. Pendant quelques décennies, disons que les « riches » avaient un peu peur, peur de la classe ouvrière, peur du communisme ; les managers, chargés de diriger les multinationales qui se constituaient, les grandes entreprises industrielles qui se développaient, souvent en absorbant les petites et moyennes entreprises familiales, se sont appliqués à passer des compromis avec les syndicats et à s'entendre avec les partis politiques qui gouvernaient, la croissance économique facilitant les accords : l'Etat-providence a pu s'installer et fonctionner. Aujourd'hui, on peut dire que les « riches » n'ont plus peur, le communisme s'étant effondré. Maintenant les actionnaires commandent ; ce sont eux qui fixent le taux de rentabilité des entreprises. Mis en danger par la crise actuelle, le secteur financier fait appel à l'Etat, les banquiers et les responsables des grandes compagnies d'assurances et des divers fonds financiers étant sûrs qu'ils finiront tôt ou tard par reprendre totalement les rênes du pouvoir, aucun gouvernement ne remettant en cause le système capitaliste lui-même. Si l'on va jusqu'à nationaliser une banque, c'est pour la remettre en état avec l'idée de la reprivatiser dès que cela sera possible. Ebranlé, le secteur financier continue à imposer ses vues.

Posons à nouveau la question : peut-on vraiment arriver à transformer le système actuel ? Les critiques parfois très vives, formulées par les hommes politiques de droite à l'encontre des banquiers et des financiers, apparaissent comme n'étant que des leurres. Les préconisations des socio-démocrates constituent un ensemble de vœux pieux. Les remèdes de certains groupements de l'extrême-gauche, en détruisant le cerveau, provoqueraient la paralysie du corps tout entier, sinon une mort plus ou moins lente.

Le royaljaurèsisme, s'il veut s'affirmer, doit se situer très nettement dans la continuité de Jean Jaurès. Rappelons que celui-ci s'opposait aussi bien au réformisme du social-démocrate Bernstein qu'au révolutionnarisme de Jules Guesde. Il était à la fois un réformiste et un révolutionnaire, partisan d'une révolution se faisant graduellement. Toute la question est de savoir quelles réformes mettre en œuvre, en ce début du XXIe siècle, pour assurer le passage progressif du capitalisme au socialisme. C'est pourquoi nous avions précisé, dans la première édition de cet ouvrage, que le royaljaurèsisme n'était concevable que s'il s'attachait à l'élaboration d'une théorie du moyen terme, et ajoutons qu'il doit concevoir un projet de réformes à appliquer par des gouvernements de gauche dans les décennies à venir, si les socialistes réussissaient à se maintenir au pouvoir.

Pour un socialiste, le *court terme*, c'est-à-dire la politique à mettre en œuvre en cas de victoire en 2012, c'est le renforcement du secteur public. Il ne s'agit pas de penser que l'on pourra s'accommoder de la permanence de l'Etat-providence ; l'objectif sera de commencer à lutter pour l'instauration d'un Etat socialiste en France et d'une Union fédérale européenne socialiste. Renforcement du secteur public, cela signifie qu'il faut maintenir l'économie de marché capitaliste actuelle, sans vouloir nationaliser à tour de bras comme certains le disent, tout en assurant la domination du public dans certains domaines : l'Education, la Recherche, la Santé, l'Energie et le Crédit. En ce qui concerne les trois premiers domaines cités, cela va de soi. Il suffit de préciser que faciliter l'existence et le renforcement du secteur public, cela ne veut pas dire qu'il faille s'attaquer au privé, encore moins au tiers secteur. En ce qui concerne l'Energie, n'est-il pas indispensable de constituer un grand pôle public et de prévoir une participation majoritaire de l'Etat (51 % ou plus du capital) dans des entreprises telles que EDF, GDF-Suez, Areva et Total ? En ce qui concerne, enfin, le Crédit, il semble bien nécessaire de procéder à la nationalisation des grandes banques de dépôt, en laissant de côté les banques du secteur coopératif et les banques d'affaires[21].

21. L'Etat détient déjà la majorité à EDF, à AREVA et à la Banque Postale.

Est-il nécessaire de préciser qu'il faudra mettre en œuvre une politique de rigueur : rigueur pour tout le monde, mais principalement pour les grandes entreprises qui paient un impôt sur les sociétés relativement faible, rigueur pour les actionnaires, les rentiers, les détenteurs d'un patrimoine important.

Pour un socialiste, le *long terme*, évidemment, c'est la société socialiste. Autogestion ! Cogestion Travail – Capital public ! Peu importe l'expression retenue. Quant au moment où l'on pourra assister au triomphe du socialisme, c'est là une préoccupation qui paraissait à Jaurès tout à fait vaine. Citons-le encore une fois et reprenons les recommandations qu'il formulait dans la célèbre Conférence prononcée en 1900 : « Pensez-vous que la révolution sociale puisse être assignée à une échéance rapprochée ou à une échéance lointaine ?... Je n'en sais rien, nous n'en savons rien[22]... » Et Jaurès ajoutait : « Eh bien, je demande, moi, aux socialistes, non pas de préciser la date, impossible à déterminer, où le socialisme pourra triompher, je leur dis de vivre toujours en état de grâce socialiste..., c'est-à-dire en travaillant toujours, à chaque minute, à chaque heure, à l'avènement du socialisme et en lui rapportant tout l'effort, toute l'action toute la force de leur pensée et de leur vie[23]. »

3. Rôle de l'Etat

Dans ses ouvrages, dans ses conférences et discours prononcés en France et à l'étranger devant l'Internationale Socialiste, au cours des entretiens qu'elle a eus avec des journalistes à la radio et à la télévision, Ségolène Royal a sans cesse insisté sur l'importance du rôle de l'Etat dans la mise en œuvre d'une politique efficace, susceptible de transformer le système économique actuel et d'instaurer un ordre social juste. Contentons-nous de citer ces phrases :

---

22. « Bernstein et l'évolution de la méthode socialiste »,, *Œuvres de Jean Jaurès, op. cit.*, p. 134.

23. *Ibid.*, p. 135.

« C'est le rôle de la politique de porter les valeurs d'une société et de fixer les règles qui en résultent. Alors, naturellement, l'économie administrée, ça ne marche pas... Mais je crois, en revanche, que l'Etat doit plus que jamais être le garant d'un ordre économique et social juste[24]. »

« Avec moi, l'Etat sera fort, l'Etat sera juste, l'Etat sera à sa place[25]. »

Un Etat volontaire, un Etat fermement engagé dans la voie d'une transformation radicale de la société, cela est-il vraiment concevable ? Pour répondre à cette question, il convient de bien s'interroger sur la nature véritable de l'Etat. Tâche difficile, en vérité, car l'Etat, c'est l'un des concepts les plus abstraits. Il y a même, peut-être, dans l'Etat (le concept et la réalité qu'il recouvre) un certain mystère qu'il n'est pas aisé d'éclaircir.

En première approximation, commençons par une définition. J'avoue, pour ma part, qu'aucune de celles qui sont proposées, ne me paraît satisfaisante. J'en présenterai deux qui (d'un certain point de vue) se complètent. Le *Vocabulaire technique et critique de la philosophie* de Lalande définit ainsi l'Etat :

A. Une société organisée, ayant un gouvernement autonome, et jouant le rôle d'une personne morale distincte à l'égard des autres sociétés analogues avec lesquelles elle est en relation.

B. L'ensemble des services sociaux généraux d'une nation.

Le Grand Robert de la Langue Française, lui, indique le sens suivant : Autorité souveraine s'exerçant sur l'ensemble d'un peuple et d'un territoire déterminés.

Avec Lalande et le Robert nous avons les éléments essentiels constitutifs de l'Etat. Nous allons les faire ressortir et les analyser

24. *Maintenant, op. cit.*, p. 182.

25. *Ma plus belle histoire, c'est vous, op. cit.*, p. 321.

en essayant d'abord de déterminer les attributs fondamentaux de l'Etat, puis d'éclairer la nature même de l'Etat.

L'Etat possède, à mon avis, deux *attributs fondamentaux* qu'il ne faut jamais dissocier :

– Exercice de la souveraineté par une communauté installée sur un territoire donné.

– Maintien d'un réseau de services, d'instances ou d'appareils, organes du pouvoir souverain.

Des penseurs politiques tels que Machiavel, Bodin, des philosophes tels que Hobbes, Rousseau, Hegel, des sociologues tels que Marx, Durkheim, Weber, ont eu tendance à privilégier l'un de ces attributs au détriment de l'autre. Cela se comprend. Au cours des siècles où l'Etat se consolide l'essentiel est bien de réfléchir sur le pouvoir, la puissance, l'autorité, l'origine de la souveraineté. Ce qui préoccupe Machiavel, c'est principalement le rapport du prince à ses sujets. Jean Bodin, qui était un économiste et un grand juriste, se montre, pour sa part, soucieux d'élaborer une véritable théorie de la souveraineté et d'assurer les fondements de l'Etat monarchique, considéré par lui comme le meilleur régime possible. Plus tard, à une époque où l'Etat, consolidé, étend pour ainsi dire son règne grâce à un enchevêtrement de règles juridiques et à une direction administrative de plus en plus forte, l'analyse s'oriente normalement sur le phénomène d'institutionnalisation de l'Etat : Marx dénoncera ce qui, pour lui, n'est qu'un organe de la classe dirigeante ; Durkheim, soucieux de consensus, décrira ce qui, à ses yeux, se présente comme un organe fonctionnel ; Weber mettra au point sa théorie de la bureaucratisation.

Il convient, cependant, pour bien comprendre ce qu'est l'Etat de garder toujours liés ces deux attributs. Reprenons-les pour marquer leur importance. Exercice de la souveraineté... Il va de soi qu'il n'y a pas d'Etat, s'il n'existe pas un *territoire*, une *communauté* (on pourrait tout aussi bien dire un peuple ou une société) en mesure d'affirmer sa *souveraineté*. Ces trois éléments se trouvent bien dans la définition donnée par le Robert, mais la conception qui, en fait, s'en dégage est tout à fait opposée à la mienne. L'autorité souveraine ne s'exerce pas *sur* le peuple mais *par le peuple*... Il n'y a pas d'extériorité de l'Etat par rapport à l'ensemble du peuple, par rapport à la communauté nationale, par rapport à la société. L'Etat, c'est la société organisée en tant qu'elle détient les attributs de la souveraineté.

Pour moi, cette remarque importe beaucoup. Elle nous conduit à la racine des distinctions qui servent de fondement à la plupart des discours que l'on tient depuis quelque temps sur l'Etat et dont certains se situent dans une continuité historique avec des analyses faites déjà au XIXe siècle. Des partisans du libéralisme, des marxistes et des socialistes non marxistes se retrouvent pour admettre comme une donnée d'évidence la dichotomie Etat – Société civile. Il y a là une erreur de jugement. C'est seulement pour les commodités de l'analyse que l'on peut opérer une dissociation entre le corps politique et le corps social. Il n'y a pas d'autonomie de la société par rapport à l'Etat. Il n'y a pas d'une part l'individu concret et d'autre part le citoyen. On ne peut jamais observer l'existence d'une société vivante et cherchant à se développer harmonieusement face à un Etat dominateur et à un pouvoir politique plus ou moins despotique. Cette distinction est irrecevable.

Cela ne veut pas dire qu'une limitation du pouvoir étatique ne s'impose pas ou ne puisse être souhaitée. Limitation du pouvoir étatique, cela ne signifie pas dichotomie entre l'Etat et la société civile. C'est la société qui détient la souveraineté, mais la société en tant qu'elle détient la souveraineté, c'est l'Etat. L'Etat, répétons-le, c'est la société en tant qu'elle exerce la souveraineté. Mais l'Etat, c'est également un réseau d'appareils, objet d'un enjeu, et la société ne constitue pas une réalité homogène : elle est constituée d'un ensemble de groupes divers et principalement de classes antagonistes ; la classe la plus puissante investit, en fait, le réseau de services et d'appareils étatiques et marque du sceau de l'Etat ce qui, en réalité, n'a aucune véritable légitimité et correspond simplement à ses propres objectifs.

Limitation du pouvoir étatique, cela ne veut donc pas dire limitation du pouvoir de l'Etat et affermissement de la société civile, mais lutte au sein de la société contre la classe qui poursuit non les intérêts de l'ensemble de la société, mais ses intérêts de classe, en s'affublant du masque de l'Etat qui, lui, symbolise l'ensemble de la société. Si l'on ne croit pas à l'existence de classes sociales en lutte, par conséquent en lutte pour le contrôle des organes étatiques, on ne peut pas comprendre ce qu'est l'Etat.

A l'inverse si l'on croit que la réalité de la société se ramène à celle de la lutte des classes et que, par conséquent, les organes étatiques ne sont qu'une excroissance parasitaire, on ne peut pas comprendre ce qu'est l'Etat. L'ensemble des classes sociales constituent quand même une communauté. « Prolétaires de tous les pays, unissez-vous ! » Ce mot d'ordre se veut mobilisateur, il s'agit d'un slogan qui exprime une incompréhension. En 1914 le prolétaire français était Français avant d'être prolétaire et le prolétaire allemand, Allemand avant d'être prolétaire. Les classes constituent une communauté et en tant que celle-ci exerce une souveraineté, elle se présente comme étant l'Etat.

La définition de l'Etat que, pour ma part, je proposerai est donc la suivante : *Personne morale, symbole de la communauté nationale, qui, dans le cadre d'un territoire donné, détient tous les attributs de la souveraineté, laquelle est exercée grâce à des instances, des services ou des appareils que la classe dirigeante essaie de contrôler et d'utiliser à son profit*. La nature de l'Etat apparaît donc, en définitive, assez claire. L'Etat est une personne morale ; l'Etat est une institution sociale.

L'Etat, personne morale, symbole de la communauté nationale, telle se révèle être sa nature profonde. Sur ce thème il y aurait beaucoup à dire, mais c'est toute la genèse historique de cette réalité qu'il faudrait déterminer. Précisons simplement que l'Etat, s'il symbolise la communauté nationale, apparaît comme une personne morale d'autant plus forte qu'il a mis du temps pour s'imposer et qu'il s'est constitué en établissant un relatif équilibre entre les classes antagonistes existant au sein de la société. En France, par exemple, on parle beaucoup de l'Etat ; on accorde une grande importance à l'Etat, à la réalité, mais aussi à la notion, au mot. C'est que la France, c'est le pays occidental où la reconnaissance de l'Etat en tant que personne morale, symbole de la communauté nationale, est la plus forte et où la lutte pour le contrôle des services et appareils publics a été la plus vive, ce qui a entraîné un renforcement de sa fonction arbitrale, et également une valorisation de sa fonction représentative. En France, plus qu'ailleurs, l'Etat assure un relatif équilibre entre les classes et les couches sociales ; plus qu'ailleurs, c'est par l'Etat que s'effectue la symbolisation du corps social.

Par ailleurs, pour s'imposer, le long des siècles, l'Etat, en France, a eu recours à une administration importante et tentaculaire, ce qui a contribué à renforcer son pouvoir. Comme la lutte des classes s'y est toujours manifestée d'une manière assez vive, les appareils d'Etat même contrôlés par la classe dirigeante ont toujours pu garder une faible mais relative autonomie. Au sein d'une collectivité, quand les groupes s'opposent fortement, le corps social pour subsister en tant que tel a besoin de générer les instances indispensables à sa sauvegarde. Pour toutes ces raisons, en France, l'Etat est fort, l'Etat est plus valorisé qu'ailleurs, et on en parle beaucoup.

Personne morale, symbole de la communauté nationale, telle, ai-je dit, se révèle être d'abord la nature profonde de l'Etat. Il faut ajouter aussitôt ceci : *l'Etat, institution sociale régulatrice, se muant en arbitre partisan*, telle se révèle être également sa nature profonde. Ces deux aspects, on le voit, renvoient chacun à l'un des attributs de l'Etat. Ce qui a été dit précédemment des services, instances et appareils qu'il maintient à son service nous autorise à ne pas trop nous étendre sur la nature institutionnelle de l'Etat. Je me contenterai, pour bien préciser ma pensée, de faire les remarques suivantes. L'Etat est une institution sociale régulatrice. Si la société constituait un ensemble totalement harmonieux, si en son sein le consensus était presque absolu, si les groupes ou plus précisément les classes n'y étaient pas quasiment en lutte permanente, la fonction de régulation, d'arbitrage entre les « parties » en présence s'y effectuerait aisément et dans la transparence. Comme il n'en est pas ainsi et qu'il s'y déroule un combat dont l'enjeu est la maîtrise exclusive par la classe dirigeante des appareils étatiques, et comme la classe dirigeante est évidemment la plus forte, l'Etat n'apparaît jamais vraiment neutre : d'arbitre, il a tendance à devenir partisan. Il est en fait toujours partisan, il l'est plus ou moins.

Ainsi l'Etat est un organe d'arbitrage entre les classes sociales, mais il est toujours plus ou moins contrôlé par la classe dominante qui s'en sert pour mettre en œuvre une politique conforme à ses intérêts. Une classe dominante, fut-elle progressiste, se trouve en conflit avec d'autres classes, y compris avec celle qui comprend les travailleurs les plus exploités et les plus aliénés. Il y a Etat parce qu'il y a classes, il y a classes, répétons-le, parce qu'il y a lutte de classes, il y a lutte de classes parce qu'il y a division sociale du travail.

Si l'Etat est toujours plus ou moins contrôlé par la classe dominante, peut-il arriver à s'en affranchir et à mener une politique en faveur de la classe dominée ? Devant assurer un rôle d'arbitrage, l'Etat se révèle toujours plus ou moins partisan. Prenons l'exemple de la France depuis mai 1981 et considérons l'Etat comme arbitrant un match entre deux équipes : l'équipe A comprenant les représentants des Travailleurs salariés et l'équipe B composée des représentants du Capital, les actionnaires, les rentiers, les détenteurs de patrimoine. Disons que l'Etat a été un arbitre, mais un arbitre partisan, plutôt partisan de l'équipe A de 1981 à 1983 et plutôt partisan de l'équipe B à partir de 1983, date symbolique de ce qu'on a appelé le tournant de la rigueur. A partir de cette date, le parti socialiste français, malgré les réserves et les critiques de son aile gauche, a entrepris sa conversion au social-libéralisme, un peu plus timidement, certes, que les autres partis socio-démocrates européens. La politique mise en œuvre par les gouvernements aussi bien de gauche que de droite peut être caractérisée de manière rapide et schématique par les mesures suivantes : libéralisation de la circulation des capitaux, accélération du processus de privatisation des entreprises, réduction d'impôt sur les bénéfices des sociétés, diminution des charges patronales, baisse des impôts des particuliers les plus riches, diminution du montant des taxes sur les patrimoines... L'Etat arbitre s'est montré plutôt partisan de l'équipe B de 1984 à 1986, de 1988 à 1993, de 1997 à 2002 et plus nettement partisan de l'équipe B de 1986 à 1988, de 1993 à 1997 et depuis 2002.

Le royaljaurèsisme, s'il veut s'imposer, doit bien prendre conscience que s'appuyer sur un Etat fort, un Etat volontaire, c'est s'engager dans une lutte. L'Etat est un arbitre, mais il ne peut s'empêcher d'être partisan. Pour assurer son rôle, l'Etat socialiste doit s'appuyer sur des groupes, sur des classes (classe ouvrière, classe des travailleurs intellectuels salariés, en particulier ceux qui sont engagés principalement dans le secteur de la production non marchande), qui ne peuvent affirmer leur puissance que s'ils arrivent à investir le réseau de services et d'appareils étatiques. Le royaljaurèsisme n'est vraiment concevable que s'il s'attache à l'élaboration d'une théorie du moyen terme.

5. Les raisons d'une victoire possible

Il ne suffit pas d'être désigné par un grand parti politique pour avoir des chances d'être élu à la présidence de la République. Il faut être investi d'un certain prestige pour parvenir à la magistrature suprême. Faire « compétent » et faire « bourgeois », telles sont, à notre avis, les conditions principales de la réussite. Nous disons *faire* bourgeois. Il est bien évident qu'une personne d'origine sociale non bourgeoise peut tout aussi bien « faire bourgeois ». « Faire bourgeois » ne veut pas dire être riche. Souvent, c'est simplement une question d'apparence physique : donner l'impression de posséder une certaine éducation, d'avoir de « bonnes manières », un certain style, un « je ne sais quoi », bref apparaître comme une personne distinguée. Ce ne sont certes pas les seules conditions ; la sympathie que l'on inspire en constitue également une, non négligeable (nous ne parlons pas de la sympathie pour les idées, mais de la sympathie pour la personne ; on pourrait parler également de charisme).

Mais la compétence réelle ou supposée et une certaine « distinction » nous semblent être très importantes. Pour jouir d'une grande popularité, un homme ou une femme politique doit justement ne pas faire « populaire », mais apparaître comme faisant partie d'une élite.

On peut se demander si en France, au moins pendant encore une longue période, un candidat à la présidence de la République est susceptible d'être élu s'il ne fait pas « bourgeois ». Une telle image contribue à lui assurer le prestige nécessaire à la réussite. En 1974, Valéry Giscard d'Estaing et François Mitterrand faisaient tous les deux « bourgeois », le premier sans doute davantage, et de plus, le second « faisait moins compétent ». En 1981, le changement survenu s'explique à notre avis, s'agissant des mêmes personnes, par la perte de prestige qui a affecté le président en exercice. Son image s'est ternie à cause du scandale provoqué par « l'affaire des diamants ». Des électeurs qui avaient voté pour lui en 1974 ont changé de camp, en particulier des électeurs appartenant aux catégories sociales d'employés et de cadres moyens, comme l'ont indiqué, à l'époque, certains sondages. Cela nous paraît mériter attention et il faut insister sur l'importance du prestige pour un grand nombre de membres de ces catégories sociales. Il convient d'indiquer, cependant, que la victoire de François Mitterrand s'explique également par la dynamique unitaire apparue manifeste au premier tour, ce qui a contraint le P.C. à ne pas prendre le risque d'être désavoué par ses électeurs au second tour. Quant aux facteurs liés à l'évolution de la situation économique, ils nous paraissent tout à fait secondaires. C'est une fraction relativement faible du corps électoral qui change de camp d'une élection à l'autre. Ceux qui ont abandonné Giscard d'Estaing, l'ont fait, parce que son prestige ayant baissé à leurs yeux, ils se sont mis à contester les résultats de sa gestion. C'est parce qu'il y a eu perte de prestige que la crainte devant la conjoncture économique, l'inquiétude face au phénomène du chômage ont suscité au niveau de la conscience la formulation nette d'une argumentation critique. Ce n'est pas l'apparition de défauts, qui entraîne en général les critiques, c'est l'affaiblissement ou la mort du sentiment qui portait à auréoler l'être aimé ou admiré, qui provoque la critique de défauts existant auparavant, sinon depuis toujours. Faut-il préciser qu'il s'agit là, à notre avis, de causes immédiates ? La cause fondamentale du succès de Mitterrand en 1981, c'était la force grandissante de la nouvelle classe sociale des travailleurs intellectuels salariés en lutte pour le pouvoir. La suprématie de cette nouvelle classe sociale est, à terme, inéluctable. Mais, en 1981, si « l'affaire des diamants » n'avait pas éclaté, que se serait-il passé ? On ne peut négliger l'incidence du phénomène du prestige. La raison principale du succès de François Mitterrand, en 1988, tient à ce que, dominant très largement le terrain à gauche, cohérent avec le choix fait en mars 1983, il s'est situé avec la Lettre à tous les Français assez nettement sur un terrain proche de celui de Raymond Barre, reléguant ainsi ce dernier à la troisième place ; la victoire au second tour était, dès lors, assurée.

Pour bien montrer l'importance du prestige comme déterminant de la popularité, nous ferons deux séries de remarques. Il est plus que banal de rappeler le rôle de motivation attribué à l'argent dans la conduite des individus. On néglige trop souvent, à notre avis, ou on feint d'ignorer celui que joue le prestige. En fait une triple recherche caractérise les comportements sociaux de tout être humain : la recherche de l'argent (ou du profit), la recherche du prestige, la recherche de la justice. Certains (la majorité) semblent motivés plutôt par l'argent ; d'autres semblent l'être plutôt par le prestige, l'argent étant un moyen pour eux de s'imposer ou de se donner une « apparence » ; quant à la justice, on peut dire qu'il n'existe pas un individu qui, quelques fois dans sa vie, ne l'ait pratiquée, mais il est bien difficile d'être juste en actes et pas seulement en paroles.

Par ailleurs, si l'on se réfère à la place que chacun occupe dans la structure sociale, on peut faire les remarques suivantes. Quand on n'est pas satisfait de sa condition, on peut adopter soit une stratégie de sortie individuelle, soit une stratégie de lutte collective. En fait, tout le monde choisit plus ou moins les deux stratégies ; c'est souvent une simple question d'accentuation. Mais ceux qui préfèrent la protestation collective revendiquent la justice, alors que ceux qui choisissent la stratégie de sortie individuelle sont plus attirés par le prestige. Ces derniers, dans le domaine politique, se prononcent plutôt pour les candidats « conservateurs » ; les premiers se montrent plutôt favorables aux partis de gauche. Les uns et les autres peuvent se trouver dans des situations socio-économiques similaires. On rencontre, par exemple, des ouvriers, des employés, des cadres moyens qui votent « à gauche », d'autres qui votent à droite, alors qu'ils ont la même origine sociale, appartiennent à la même branche professionnelle ou la même entreprise, jouent le même rôle dans la production, gagnent le même salaire. Diverses raisons psychologiques peuvent rendre compte de leurs orientations. Ce qui nous importe, c'est évidemment la nature de la stratégie de sortie qu'ils ont choisie : sortie individuelle ou lutte collective.

On peut ainsi comprendre ce qui détermine la popularité dont jouit un responsable politique. Le leader politique qui fait compétent et qui se présente empreint d'une «distinction bourgeoise» offre un beau modèle d'identification ou apparaît comme l'incarnation de ce dont on rêve pour ses enfants.

Le leader politique «conservateur» recueille, dans les sondages et les consultations électorales, les suffrages de ceux qui choisissent plutôt une stratégie de sortie individuelle et votent pour «la droite». S'il fait bourgeois et surtout s'il «fait compétent», il bénéficie de la sympathie d'une large fraction des électeurs «flottants», c'est-à-dire les 5 % à 10 % du corps électoral qui font et défont les majorités.

Le leader politique de gauche qui «fait populaire», n'a guère de chances de recueillir d'autres suffrages que ceux des électeurs qui votent traditionnellement «à gauche». Il en est de même pour le leader politique de gauche qui fait «classe moyenne». Si celui-ci, de plus, «fait compétent», il a des chances de recueillir les suffrages d'un grand nombre d'électeurs «flottants».

Le leader politique de gauche qui paraît compétent et qui fait bourgeois recueille les suffrages de ceux qui votent traditionnellement «à gauche», les suffrages d'une bonne partie des électeurs «flottants» et également les suffrages d'un certain nombre d'électeurs qui votent traditionnellement «à droite».

Etre à gauche et avoir du prestige, c'est donc la meilleure situation pour être populaire et pour réussir. Ce sont des raisons qui expliquaient en partie le succès dans les sondages de Ségolène Royal, et c'est pourquoi elle semblait avoir beaucoup de chances d'aller à la victoire. Qui peut l'emporter sur une (un) énarque de gauche qui donne l'impression d'avoir deux ou trois générations de bourgeois derrière elle (lui) ? Nous disons énarque pour aller vite. Enarque ou économiste reconnu comme compétent... «Faire» bourgeois ou jouir d'un grand «prestige», ce prestige pouvant avoir une tout autre origine.

Mais pourquoi donc les hommes et les femmes politiques, qui paraissent compétents, ont l'air bourgeois et s'affirment de gauche, attirent-ils les électeurs flottants et même les électeurs « de droite » ? La réponse se déduit en quelque sorte des remarques que nous avons faites précédemment. Leurs paroles suscitent un écho dans la conscience de l'immense majorité des citoyens (en particulier des travailleurs salariés), paroles qui signifient pour eux qu'il est possible d'instituer plus de justice sociale. Mais, en même temps, ils apparaissent comme des individus investis d'un réel prestige social. Ils constituent de « vivantes synthèses » de deux aspirations quelque peu contradictoires, montrant en quelque sorte que l'impossible est possible : être prestigieux et en même temps se prononcer pour plus de justice dans la vie sociale. Ils facilitent la conciliation entre les deux « stratégies de sortie » possibles que tout travailleur salarié cherche plus ou moins nettement à mettre en œuvre, même si l'accent est mis plutôt sur l'une que sur l'autre. Modèle de référence ou d'identification et porte-parole de la justice sociale : que faudrait-il représenter pour être mieux perçu ?

La compétence de Ségolène Royal a parfois été mise en doute. Par qui ? Seulement par certaines fractions de l'élite médiatico-politique parisienne. A en croire les sondages, les Français l'ont toujours jugée compétente. On se souvient de l'éclat fâcheux qu'a eu la décision prise par la direction de *La Tribune*, en septembre 2006, de ne pas publier les résultats à l'une des questions d'un sondage que ce quotidien économique avait lui-même commandé : Ségolène Royal paraissait être la personnalité politique la plus apte à résoudre les problèmes économiques et sociaux des Français, d'après les réponses des personnes interrogées ; elle était placée avant Nicolas Sarkozy et devançait nettement Laurent Fabius et Dominique Strauss-Kahn, qui étaient à l'époque, comme elle, candidats à l'investiture du Parti Socialiste. Cette décision avait suscité, semble-t-il, une réelle indignation au sein de la rédaction du journal. Le bruit s'étant répandu, les réponses à cette question du sondage avaient par la suite été publiées.

Quoiqu'il en soit, la question, je le répète, n'est pas d'être compétent, d'être bourgeois et d'être de gauche, mais de *paraître* compétent, de *faire* bourgeois et de *s'affirmer* de gauche. Les Français sont souvent considérés comme étant à la fois révolutionnaires et conservateurs. Ils souhaitent, dit-on, être dirigés par un démocrate, garant de toutes les valeurs républicaines, qui se dit prêt à œuvrer pour l'instauration de la solidarité, mais qui ressemble quelque peu à un roi ou à une reine : à leurs yeux, le président, assure-t-on, doit être « révolutionnaire » et « distingué », apparaître, en quelque sorte, comme étant un monarque républicain et social.

En cette année 2011, beaucoup de journalistes et de commentateurs politiques continuent à mettre en doute la compétence de Ségolène Royal. Ils reconnaissent celle de François Hollande, de Martine Aubry, et louent particulièrement Dominique Strauss-Kahn pour son action comme directeur général du FMI. Il est vrai que la vive inquiétude ressentie par les Français sur le terrain économique, depuis qu'a éclaté en 2008 la grave crise de la finance mondiale, les porte à souhaiter qu'arrivent au pouvoir suprême des personnalités politiques jugées aptes à assurer la maîtrise technique des problèmes qui se posent au pays. La perception de la crise explique sans doute la position privilégiée, occupée dans les sondages par Dominique Strauss-Kahn, et la montée progressive de la popularité de François Hollande. Le discours que tenait Ségolène Royal en 2006-2007 semble moins d'actualité.

La question se pose de savoir si la qualité requise pour être président de la république, c'est l'aptitude à traiter des dossiers. Un bon premier ministre ne peut-il pas conduire avec autorité un gouvernement et se montrer capable de gérer efficacement les affaires économiques et sociales ? Charles de Gaulle et François Mitterrand étaient-ils compétents en économie ? Ségolène Royal l'est, sans doute, plus qu'ils ne l'étaient. Michel Rocard, en 1981, l'était sûrement plus que François Mitterrand. Jean-Louis Bianco, député socialiste proche de Ségolène Royal, longtemps secrétaire général de l'Elysée, ne pourrait-il pas, par exemple, être un premier ministre capable d'affronter les difficultés économiques et sociales, qui vont en s'aggravant actuellement ? Il paraît aussi compétent que Fabius, Hollande, Jospin et Strauss-Kahn.

La fonction présidentielle renvoie plutôt à l'actualisation des valeurs proposées aux citoyens et à l'idée que l'on se fait du bien commun. Ségolène Royal a raison de déclarer : « Ce qu'on demande au chef de l'Etat, ce n'est pas d'être omniscient mais de savoir où il ou elle veut conduire la France, avec quelles valeurs, quelle vision du monde, quelle conception de l'exercice du pouvoir et en agissant sur quels leviers pour répondre efficacement aux attentes des Français[1]. »

En mai 2007, Ségolène Royal n'a pas été élue présidente de la république. Que d'ouvrages à charge, parus après cette défaite ! Nous n'essaierons pas de les critiquer. D'un certain point de vue, on peut parler d'un relatif succès, étant donné le grand nombre de citoyens, de jeunes, d'électeurs des couches populaires, qui se sont déplacés pour lui apporter leur suffrage. Et n'avait-elle pas raison de déclarer en s'adressant aux militants qui l'acclamaient, au soir du deuxième tour, que quelque chose s'était levée, qui ne s'arrêterait pas ?

En fait, cette élection n'était pas gagnable, Ségolène Royal ne pouvait pas l'emporter. Il était possible de lui accorder des chances en 2006 et au début de l'année 2007. Mais assez rapidement il est apparu qu'elle n'arriverait pas à mettre en œuvre une stratégie de conquête adéquate : son propre parti ne la soutenait que timidement. Pour être élu à la présidence de la république, il faut certes un projet, un programme, il faut surtout qu'un grand parti vous soutienne. Or des membres éminents du P.S. ne dissimulaient pas leur antipathie et donnaient l'impression de mener campagne pour François Bayrou. Si beaucoup d'électeurs de gauche n'avaient pas été encouragés à voter pour ce dernier, le pourcentage de voix, obtenu par Ségolène Royal au premier

---

1. *Ma plus belle histoire, c'est vous*, *op. cit.*, p. 96.

tour, aurait été beaucoup plus élevé. Une dynamique aurait-elle joué en sa faveur ?

Au début du printemps 2007, la stratégie de Nicolas Sarkozy s'est précisée de manière très nette. S'il ne sollicitait pas le soutien du chef du gouvernement dont il était pourtant membre ni du président en exercice, il tenait fermement le parti dont il était le chef, l'U.M.P. Sa stratégie s'est révélée extrêmement efficace. Dans un *premier temps* il a manifesté une *volonté de rupture*. Rupture avec le style et la politique de Jacques Chirac, rupture avec le gouvernement de Dominique de Villepin, tout en étant ministre de l'Intérieur. Cette démarche a été fructueuse : Nicolas Sarkozy est apparu comme pouvant orienter différemment la politique de la France. Cette stratégie de rupture était nécessaire, car un candidat à la présidence ne peut être élu, s'il est soutenu par le premier ministre en exercice (Nous reviendrons sur ce point). Dans un *second temps* Nicolas Sarkozy a mis en œuvre une *stratégie de conquête de certaines couches sociales* en faisant des promesses correspondant à leurs attentes. Aux personnes âgées, assurance de les protéger contre l'insécurité et la violence qui s'aggravaient et garantie de maintenir leur niveau de vie ou même de revaloriser le montant des retraites. Aux électeurs qui avaient voté pour le Front National en 2002, même s'il ne les désignait pas directement, garantie d'assurer la sécurité dans le pays, annonce de la création d'un ministère de l'Immigration et de l'Identité nationale, et, comme élément complémentaire, évidemment indispensable, le fameux slogan destiné à capter l'attention des salariés modestes : « Travailler plus pour gagner plus ». L'extrême droite a perdu en 2007 la moitié de ses électeurs de 2002 (près de 20 % des voix en 2002 : 16,95 % pour Jean-Marie Le Pen et 2,35 pour Bruno Mégret, soit un total de 19,30 %). On peut penser qu'une très grande partie d'entre eux ont, en 2007, quitté le F.N. de Le Pen et oublié le M.N.R. de Mégret pour se diriger vers l'U.M.P. La stratégie de Nicolas Sarkozy s'est révélée extrêmement efficace.

Il n'est pas nécessaire de s'étendre sur les raisons de l'échec de Ségolène Royal en 2007. Elle ne pouvait pas mettre en œuvre une stratégie adéquate. Nicolas Sarkozy l'a pu. Et ce qui est remarquable, c'est qu'il a réussi à imposer l'idée qu'il incarnait la rupture, rupture avec l'orientation du gouvernement auquel il appartenait. Cela était indispensable, car un candidat à la présidence ne peut pas être élu, en France, s'il est soutenu par le premier ministre en exercice. L'on a coutume d'affirmer que le pouvoir est sanctionné lors des élections intermédiaires, à mi-mandat, si l'on veut, comme aux Etats-Unis. Cela ne nous paraît pas exact : le gouvernement en place est, en France, également sanctionné à l'occasion de l'élection présidentielle (le gouvernement, mais pas forcément la majorité au pouvoir). Ce n'est pas une fatalité, mais le pouvoir déçoit vite.

Examinons ce qui s'est passé en France depuis quelques décennies. Ne remontons pas trop loin en arrière, car, en 1965, c'est De Gaulle, l'homme du 18 juin, qui sollicitait les suffrages des Français. En 1969, la S.F.I.O. était à l'agonie, Gaston Deferre recueillant peu de voix et le second tour mettant face à face Georges Pompidou et Alain Poher. En 1971, le Parti Socialiste naît à Epinay. Observons ce qui survient à partir de l'élection présidentielle de 1974.

En 1974, le premier ministre en exercice, Pierre Messmer, est sanctionné et le candidat à la présidence qu'il soutient, Jacques Chaban-Delmas, n'est pas élu.

En 1981, le premier ministre en exercice, Raymond Barre, est sanctionné et le candidat à la présidence qu'il soutient, Valéry Giscard d'Estaing, n'est pas réélu.

En 1988, le premier ministre en exercice, Jacques Chirac, est sanctionné et le candidat à la présidence qu'il soutient, Jacques Chirac lui-même, n'est pas élu.

En 1995, le premier ministre en exercice, Edouard Balladur, est sanctionné et le candidat à la présidence qu'il soutient, Edouard Balladur lui-même, n'est pas élu.

En 2002, le premier ministre en exercice, Lionel Jospin, est sanctionné et le candidat à la présidence qu'il soutient, Lionel Jospin lui-même, n'est pas élu.

En 1981, le président Giscard d'Estaing n'est pas réélu. En 1988, le président Mitterrand est, lui, réélu; de même le président Chirac, en 2002, est réélu : ils étaient tous deux en situation de cohabitation et n'étaient pas soutenu, évidemment, par le premier ministre qui exerçait le pouvoir.

En 2007, la situation se trouve modifiée sensiblement. Le candidat Sarkozy n'a pas recherché le soutien du premier ministre en exercice, Dominique de Villepin. Sa stratégie de rupture a bien fonctionné : il a été élu.

Que se passera-t-il en 2012 ? On peut penser que le président Sarkozy ne sera pas réélu (s'il ne se représente pas, le candidat de l'U.M.P. ne sera pas élu, car il sera forcément soutenu par le premier ministre en exercice et l'« hyper » premier ministre – président). La stratégie de rupture ne pourra pas fonctionner; le recours aux thèmes de la sécurité, de l'immigration et de l'identité nationale ne peuvent avoir de l'effet que si l'on promet en même temps une amélioration matérielle des situations. Le candidat socialiste l'emportera, à moins que... l'événement d'avril 2002 ne se reproduise.

Autre cause qui pourrait rendre difficile la victoire du P.S., la nature des rapports existant entre la province et Paris : les responsables des départements et des régions ne souhaitent pas trop une victoire à l'échelon suprême. En effet, c'est ce que pensent des journalistes et certains politologues : il existe, d'après eux, une relative mésentente entre les leaders nationaux et les leaders locaux, les « barons ». On ne voit pas trop sur quoi s'appuie une telle affirmation. Le parti socialiste a toujours été plutôt un parti d'élus locaux. C'est pourquoi il s'est toujours distingué des autres partis socialistes européens : la social-démocratie est fondée tout particulièrement sur une alliance très forte entre le parti et les syndicats ouvriers. En France, les leaders locaux importants obtiennent souvent un mandat national. Ils ne demandent d'ailleurs pas mieux que de participer au pouvoir à l'échelon national. Existe-t-il (a-t-il jamais existé) un « baron » qui ne souhaite devenir un jour « comte » ou « duc ». Les grands leaders locaux désirent généralement devenir ministres. C'est pourquoi il me paraît erroné de déclarer qu'ils ne souhaitent pas que le P.S. emporte les élections nationales et détienne le pouvoir central, ce qui l'évite d'être sanctionné à l'échelon national, facilitant ainsi les victoires locales. D'ailleurs, si l'on observe la période qui s'étend de 1981 à 2011, le P.S. a exercé le pouvoir national de 1981 à 1986, de 1988 à 1993, de 1997 à 2002 (le fait d'exercer le pouvoir au niveau gouvernemental seulement n'est pas négligeable), c'est-à-dire 15 ans, donc à peu près autant de temps que la droite. Depuis 2002, il est vrai, la cohabitation semble peu probable, et pour exercer le pouvoir gouvernemental il faut gagner l'élection présidentielle.

Ségolène Royal sera-t-elle désignée pour représenter le parti socialiste ? Elle devra l'emporter lors des primaires. Pour cela, il lui faudra, à notre avis, se situer à l'intérieur du parti bien à gauche et fixer à sa droite les autres candidats. Le royaljaurèsisme, nous l'avons dit, ne nous semble pouvoir s'imposer que si sa politique pour le court terme se présente comme un réformisme offensif, écartant toute tentation social-libérale et orienté véritablement vers le socialisme.

L'HARMATTAN, ITALIA
Via Degli Artisti 15; 10124 Torino

L'HARMATTAN HONGRIE
Könyvesbolt ; Kossuth L. u. 14-16
1053 Budapest

L'HARMATTAN BURKINA FASO
Rue 15.167 Route du Pô Patte d'oie
12 BP 226 Ouagadougou 12
(00226) 76 59 79 86

ESPACE L'HARMATTAN KINSHASA
Faculté des Sciences sociales,
politiques et administratives
BP243, KIN XI
Université de Kinshasa

L'HARMATTAN CONGO
67, av. E. P. Lumumba
Bât. – Congo Pharmacie (Bib. Nat.)
BP2874 Brazzaville
harmattan.congo@yahoo.fr

L'HARMATTAN GUINEE
Almamya Rue KA 028, en face du restaurant Le Cèdre
OKB agency BP 3470 Conakry
(00224) 60 20 85 08
harmattanguinee@yahoo.fr

L'HARMATTAN CÔTE D'IVOIRE
M. Etien N'dah Ahmon
Résidence Karl / cité des arts
Abidjan-Cocody 03 BP 1588 Abidjan 03
(00225) 05 77 87 31

L'HARMATTAN MAURITANIE
Espace El Kettab du livre francophone
N° 472 avenue du Palais des Congrès
BP 316 Nouakchott
(00222) 63 25 980

L'HARMATTAN CAMEROUN
BP 11486
Face à la SNI, immeuble Don Bosco
Yaoundé
(00237) 99 76 61 66
harmattancam@yahoo.fr

L'HARMATTAN SENEGAL
« Villa Rose », rue de Diourbel X G, Point E
BP 45034 Dakar FANN
(00221) 33 825 98 58 / 77 242 25 08
senharmattan@gmail.com

Achevé d'imprimer par Corlet Numérique - 14110 Condé-sur-Noireau
N° d'Imprimeur : 79161 - Dépôt légal : mai 2011 - *Imprimé en France*

www.ingramcontent.com/pod-product-compliance
Lightning Source LLC
LaVergne TN
LVHW051406061026
849535LV00009B/3380